くう

空

舞い降りた神秘の暗号

Mana 著

目次

第1章 あなたが空という存在であることを理解するために

第2章 肉体や思考、感情の正体

第3章 願望を実現させるために理解すべきこと

空　舞い降りた神秘の暗号

第1章

あなたが
空という存在であることを
理解するために

Chapter 1

プロローグ

もし今あなたがほんの少しでも不自由で不幸なら、そこには必ず「制限」があります。制限や限界があるから思うようにいかないわけですが、では、あなたの制限や限界というものが一体どういうものであるのか、まずは理解しなければなりません。それが頭の中の単なる「機械的なプログラム」に過ぎないという事実を理解し、腑に落とすことができたなら、あなたは制限や限界をカンタンに外すことができます。そして、制限や限界を外すための最速の方法も、あなたが「本当のあなた自身」についての「事実」を知ることにあるのです。

プロのセラピストやヒーラーの方々でさえも、この「事実」を知らないでいる方が圧倒的に多いこともお伝えしなければなりません。そこに対して軽いもどかしさのようなものを覚え「全部お伝えしなければ！」と思ったことがこの本を書くきっかけとなりました。

私たちは、何だかんだといっても自分自身が大好きで、自分のことに一番興味があります。自分を知る（つまり、人生を知る）ということほど心躍ることはなく、これが私たちの生きる意味であり、動機であり、本質です。

この「知る」という感動を得るたびに、私たちの意識は拡大していき、魂のデータは増えていきます。

この、自分を知り、人生を知るという私たちの旅は、永遠に終わらないプロセスです。プロセスなのですから「絶対的な特定ゴール」などどこにもありません。その瞬間の状況という小ゴールが、永遠に連続して起こり続けていくプロセスでしかないのです。

ですからプロセスの中の一瞬一瞬という小ゴールを喜び、楽しみ、祝福する気持ちで過ごすことしか、私たちには本来何もすることがないのです。この永遠のプロセスの一瞬だけをつかまえて、あなたの人生を判定することはできませんし、意味もありません。そしてある特定ゴールの人生だけを重要視してしまうと、とても窮屈で苦しく、それ以外のゴールが起こるチャンスを逃してしまいます。

現実宇宙のショータイム、それはすべてが完璧に動いていますし、すべてがサプライズなのです。ですから安心して一瞬一瞬のサプライズを楽しんでください。そうはいっても、そのプロセスのサプライズが全然楽しくない、という人が多いのも事実です。それはいったいどうしてでしょうか？

それは人生、現実、宇宙、感情、思考、自分や他人、そういったものがいったいどんな仕組みになっていて、自分自身との関わりがどんなシステムになっているのかをまだご存じないからなのです。そのために思ったような人生がつくれず、あなたの願望が実現しにくくなっています。これらの事実やシステムを理解し、しっくりとあなたの腑に落ちたとき、あなたにとっての人生のとらえ方が完全に逆転することでしょう！

今こそあなたに自分自身の根源のルーツを知る情熱を強く持っていただきたいと願っています。
そのために、この本の情報はおおいに役立つことと思います。

私の仕事は、チャネリングや透視によってカウンセリングをし、必要があればさまざまなヒーリングを行っていくことです。このチャネリングというものについて少しお話しさせていただきます。チャネリングとは、自分の意識の周波数をさまざまなエネルギーや情報にチューニングし、時空を超えてつながっていくことです。チャンネルを合わせることです。実は、チャネリングは多くの方々が無意識に行っていることでもあるのです。ヒーリングやカウンセリングのときだけでなく、ミュージシャン、作曲家、アーティスト、小説家、プロのギャンブラー、ビジネスマンなど、あらゆる分野の人が経験されているものなのです。

頭の観念とは、他人からもらった情報を握りしめていることであり、チャネリングは大いなる宇宙の叡智からダイレクトに自分が情報を受け取ることです。特別な人だけが行えるのではなく、誰でもその能力があるのですが、現代人は頭の思考ばかりを使うために、チャネリング能力が衰えているのです。

私も最初の頃は、師から色々と教えていただき、また本で学んだりしていました。しかし、一旦それらすべてを手放して、自分自身で宇宙とつながるようにしてみたのです。すると自分自身が最も腑に落ちるようなわかりやすい表現で、宇宙からの情報がもらえるようになっていきました。

もう十年以上も前、まだチャネリングなどという言葉も知らないころ、いきなりボン！ と大きな声が頭の中にやってきた瞬間がありました。その声はこういっていました。

「恐れから始めたことは必ずうまくいかなくなる。情熱と楽しさと自分への愛が動機で始めたことは必ず成し遂げられる」

それは誰の言葉よりも、どんな本の内容よりも、私の中で納得ができ確信となるアドバイスでした。

今回の本の執筆も、師やさまざまな先生方が教えてくれた内容を、さらにチャネリングで確信したうえで書かせていただきました。枝葉となる情報はなるべく省き、全員に匹敵する事実のみに絞らせていただいています。

この本があなたの人生に最大限役立つことを心から願っています。楽しく読んでいただき、自由に活用していただけるならば、それに勝る喜びはありません。

あなた・・・

あたり前のことかもしれませんが、あなたは本当に長い間、自分を人間だと信じてきました。そしてもちろん今もそう信じているに違いありません。先祖代々にわたって受け継がれてきた常識的な信念や思い込みをまったく疑うことなく、自分で確かめることもなく、大勢の人がそういっているからという、たったそれだけの理由で大勢の声を信じてきたのです。大勢の声と表現しましたが、誰かの「個人的な信念」を多数の人によって信じ込まされたに過ぎません。でも事実とは「個人的な信念」とはまったく違うこともあるのです。

あなたは事実を知りたいと願いつつ、本当はそれを知るのが怖いのかもしれません。だから安心できる範囲の情報しか受け入れないできました。あなたは事実から逃げていたのです。しかしどんなに逃げても、あなたはあなたの事実からは逃げ切れません！　事実の方からあなたに向かって「気づき」を迫ってくるからです。あなたが、この本を手にされたことが何よりの証拠です。あなた自身が、あなたの本質やあなたに関する事実を思い出すことが、今あなたが取り組んでいる最も重要な真実のゲームなのです。あなたは、あなた自身を知りたいのです。「自分は、いったい何者なのか？」という究極の答えを知りたいのです。とても大事な何かを思い出したいし、それをあなたの深い内部では、すでに知っているような気がしているはずです。でもそれが完全にわからないから、いつもなんとなくすっきりしないのです。

いまだに多くの人々が不安であり、不安であるがゆえに、それを何とか安心できる方向へ持っていきたくて、常にあらゆる「情報」を探し続ける旅をしています。それはこれまでにすべてに**納得がいく事実を教えてくれるような情報に出会っていなかった**からだと思うのです。

あの情報、この本、あの人の話や、この人の講演会というように、いろいろな新しい情報を求めてさまよっています。その結果、情報に混乱し、振り回されているのです。ひと言でいうと、多くの人が情報過多になって、不要な枝葉の知識を捨て切れていないことから、余計に本質的な事実を見きわめられなくなっているのです。しかしいつまでもそうやって、あらゆる本や、先生たち、ある分野において少しばかりサイキックな人や、有名セラピストに頼ってばかりいてはキリがありません。あなた自身が事実を本気で知ろうと決意してください。知識でガチガチになった頭によってではなく、あなたの五感をフルに使って事実を知ろうとしてください。

どんなノウハウ本を読もうが、どんなスピリチュアル本や哲学書を読もうが、最も大切な「たった一つのこと」が理解されない限り、あなたは今後も自分に自信が持てず、いつまでも不安なまま誰かに頼り続けて、悩み苦しむことになります。

最も大切で、あなたが理解すべき「たった一つのこと」とは……。

「あなたは空（くう）という自覚意識である！」ということです。

私が全身全霊でお伝えしたい事実は、たったこれだけのことに集約されます。あなたは「空」という自覚意識なのです。しかもこの自覚意識は、単なる意識という事実だけにとどまりません。その内部にとてつもないものを含んでいる意識なのです。このことについてはのちほど詳細にお話しをしていきます。

あなた自身は肉体という物質ではありません。もしあなたが現在女性の身体を持っていたとしても、男性の身体を持っていたとしても、外国人の身体であったとしても、常に「自分」という自覚は皆と同じように肉体の中で感じます。この自覚のような意識、存在感覚のような意識だけが純粋に「あなた」であり、「空」であり、永久不滅の意識です。肉体そのものはあなたではありませんから、性格や人格部分を自分自身だと思うような錯覚から目覚めてください。

本当のあなたとは、純粋なる自覚、あるいは存在感覚なので、人格や性格というような個別的な特色あるものとはまったく違うのです。あなたは山田A子さんや伊藤B男さんではなく、肉体を通じてA子やB男の人格や生きざまを観察し、実感させてもらっている意識なのです。A子やB男はまったくあなたではありません。その身体に入っている自覚意識の方があなたなのです。

その自覚意識は、肉体のどこにあるのでしょう？　それは細胞の中心にある真空部分に存在しています。あなたという「空」意識は、まさに真空の状態で肉体の中に存在しているのです。真空は、物理的には何もありませんが、そこに「意識」が存在するのです。「空」意識は、別の表現で表すことができます。源泉、真空、ゼロポイント、ゼロヘルツなどです。すべての数字を合計しても、すべての波動（色、音）を合計してもゼロになりますが、それはゼロからすべてが生まれたからです。そして、すべてが合計されたゼロは、数字でもなければ、波動でもない状態です。すべての中心に在るもの、つまり、泉のようなものとしてとらえると理解しやすいと思います。泉からは次々と波紋（エネルギー）が生み出されています。泉は波紋をつくって、自分の外へ送り出しています。でも泉そのものは、そのまわりで生きて動いている波紋とはまったく異なった状態で存在しています。中心には波紋（エネルギー）のすべてがあり、どんな波紋でも、どんな波形でも、すべてがそこから生まれるけれど、中心だけは、**エネルギー波動ではない状態で、不動の点のように静かに存在しています。**

この泉の中心のような「意識」が、あなたという「空」なのです。物理的な泉と違う点は、あなたという意識には明確な自覚があることです。覚醒しています。自発的です。

あなたが生み出したエネルギー波動は、いつかどこかの時点で必ず消滅し、形も動きもなくしますが、あなたという中心の意識、あなたという「空」、あなたという自覚意識は消滅できません。形でも動きでもないからです。そしてすべての中心、すべての源だからです。あなたは生み出された波動の方ではなく、波動を生み出している「意識」の側なのです。

その形なき真空のような「意識」には、これといった特徴が何もなく、それをどう呼んでいいのかさえわかりません。だから「空」としか表現できません。あらゆる波動を持っているのに、まるでそこには何もないかのようです。だからあなたは、なかなか「自分の正体」に気づくことができにくいのです。奥深くで、あなたは「空」である自分を知っているけれど、自分のまわりに動いている波紋や波動（思考や感情）によって包まれているせいで、「空」に気づきにくくなっています。

この「空」というあなたの正体が、あなた以外の何かによって包まれてしまうことを、古神道では「つみ（包み）」といいます。これが「罪」という言語になっていったのです。

私のきっかけ

私は日本海側の福井県で誕生しました。5分で生まれたそうなので、生きる気満々だったのかもしれません。小学校低学年のころは勉強が苦手で、あまり成績もかんばしくなく、学校が楽しいとは思えませんでした。4年生になったころ、担任が替わり、「きれいな字を書くのね」と褒められたことがきっかけで、文字を書くことが好きになり、そこから他のことにも自然に向上心が湧き、勉強にも意欲的に取り組むことができるようになりました。しかし高学年になったころに、クラスの女子全員が二つにわかれる抗争状態となり、私だけがどちらのグループにも所属しない態度をとったことから、女子全員を敵にまわすことになってしまいました。このことが原因でイジメにあうようになってしまったのです。私の心の中では「君たち変だよ。どっちもどっち」という思いが常にあり「何をケンカしているのだろう？」と不思議に思っていました。私がいまだに小学生くらいの女の子が少し苦手なのは、この記憶が原因なのかもしれません。

しかしこれらのできごとは、スピリチュアル的にいうなら、すべて自分が選択したできごとなのです。私が彼女たちに「イジメられた」のではなく「イジメさせてしまった」のです。今回の私の人生に、イジメにあう直接の原因はなにもありません。けれども私の肉体の中に、なんらかの原因となるデータがすでに入力されており、その原因に向かって探求を始めていくためのきっかけとなるできごとだったのです。

一見、理不尽ともみえる人生のできごとは、なぜ起こるのでしょうか？　このできごとは、そんな疑問が湧くきっかけとなりました。しかしその答えがみつかるのは、もっとずっと後のことになります。私は、この小学生のころのできごとをきっかけとして、人生の疑問に対する答えを探求していくプロセスに入ったのです。

その子供のころ、とても不思議に感じたことが他にもいくつかあります。「ロボットにしても、おもちゃにしても、何か物質が動くときは必ず電池か電源がある。でも動物や鳥や人間は電池や電源がないのに、なぜ生きて動けるのか？」「酸素や空気だけで生きていられるなら、なぜ酸素マスクをつけていても人は死んでしまうのか？」「酸素以外に、何かが電池のようなものが働いているはずで、それはどういう仕組みになっているのか？」

最も不思議で一番知りたかったことは「この私の身体の中で『自分』と感じているものは何？」「友達の○○ちゃんの身体の中にも『自分』と感じるものがあるのかな？」「私の中の『自分』と思っている部分が、もし彼女の身体の中に入った場合、やっぱり同じ『自分』と思えるのかな？」などということでした。

誰に聞いても「そんなことは知らない」といわれてしまいましたが、今思うとすでに7歳くらいからスピリチュアルな視点があったように感じます。かなりいいセンスをした子供だったのかもしれません。

残念ながら中学生以降はどっぷりと一般常識にはまり、世間に適応するためのノウハウを学校などで教わり、生き抜くための対策をとる、一般人になるように導かれていきました。子供のころに持っていた鋭い感性は、年齢が進むにつれてどんどん埋没していき、どこかでなにかが変だと思いつつも、普通の大人になっていくしかありませんでした。

それでも私は心のどこかで「人生の成り立ち、人間のしくみ、生きる意味は何？」ということを解明したいという情熱だけは捨てることができませんでした。どうしてもこれらのちゃんとした答えを、自分が納得できるように知りたかったのです。

今の私なら、幼いころの自分の疑問にすべて答えてあげられるのですが、まずは、その問いかけを発したからこそ、今現在こうして答えを受け取ることができたのだと理解しています。そして私から話すまでもなく、実は「あなた」もすでにそれらの答えをあなた自身の内側で知っているのです。ただすっかり忘れてしまっているだけなのです。意識が眠ってしまっているだけなのです。

自分探求の旅をしていくなかで、私自身もさまざまな体験をしてきました。私の今回の肉体はエンパス（共感）能力がかなり高いようで、他の方がその人の肉体に隠してしまっている「闇の感情」を敏感にキャッチすることができます。ご本人が気づいていなくても私にはわかってしまうのです。そして、そのエンパス能力というものは私自身を守るためではなく他の方に情報を提供するためにあるのだということもわかってきました。他にも、透視やチャネリングのみならず、魔術システムに詳しいこと、DNAシステムを熟知していること、時空間操作システムを起動できること、そんな私の肉体の個性は、全て他のみなさまに貢献するためのギフトなのだとわかってきました。

「私」……「わたし」……「渡し」……。

人類全員が他の人になにかを「渡す（提供する）」ために存在しているのだということもチャネリングによってもたらされた大切な情報の一つです。

原初の錯覚と思い込み

人生を生きていくなかで、いろいろな辛いことや、思いどおりにならないことは山ほど起こります。しかしこのようなできごとに遭遇したとき、あなたは無意識のうちに、心に痛みを感じたり、傷ついたりしないように防御する癖を身につけてしまっています。

痛みや傷を感じないためには、すべてに対して鈍感になった方が楽なので、多くの人が肉体の感性や五感をどんどん閉じていくようになってしまっています。その結果、身体が持っているすばらしい直感力や気づく力を、私たちはなかなか使わずにしまい込んでいるのです。つまり私たち人間に本来備わっている生きる喜びや幸せを感じる力を、感じにくい肉体にしてしまっているのです。

小さいころから苦痛なできごとに出会うたびに、そのことを「いやだ！」と拒絶することで、そのときのあなたの正直な感情の流れは止められてしまいます。そしてそれは凍結され、ブロック（小さな塊）として細胞に封印されてしまっています。文字どおり凍りついてフリーズドライのような状態になっているのです。

その後あなたが肉体的に成長しても、知識が増えても、凍結した心のブロック（心の痛み）は成長することも変化することもなく、感情の流れを止めてしまったその瞬間のまま、フリーズドライ状態で細胞にいつまでも残っています。この感情のブロックが溶けだしたときには、そのときの感情が生々しく甦り、その瞬間の心の痛みが溢れ出します。つまり細胞のなかに蓄積された傷やブロックとは、今この瞬間のものではないのです。

あなたはこのような心の痛みを無意識のうちに山ほど抱えています。**人生で最初の心の傷、痛みとは、「切り離されている」という錯覚です。**母親とつながっていたヘソの緒をパチンと切られ、やがて離乳という形でハートのつながりを切られたように感じ、自分自身がなにか大きな守護や愛から切り離されてしまったような思いを、私たちは誰もが持ってしまっています。このことが原因で私たちは何かから「切り離されている」と思い込んでしまっているのです。この最初の心の傷から、やがて恐怖が生まれ、その恐怖からあらゆる苦しい感情が生まれていきます。「切り離されている」という恐怖感覚が、あなたの性格や人格をつくるうえでの基本信念となっていることをまずは知らなければなりません。この「切り離されている」という感覚は、あなたの肉体が宇宙全体の不可欠な一部という事実を信じられない理由にもつながっているのです。

あなたの肉体が、**宇宙エネルギーの循環の流れの通路（パイプ）**であるという事実をまったく信じられない理由は、まさにこの最初の「切り離されている」という思い込みに原因があるのです。あらゆる豊かさと幸せの流れはもれなくあなたに循環してめぐってくるはずなのに、そのことを信じられない思考回路を、人生の最初から埋め込まれてしまっているのです。

「切り離されている」と信じ込んでいるあなたは「個体としてどうやってうまく生きていくのか?」ばかりを人生で考え続ける、まるで恐怖対策本部のようになってしまっています。あなたの頭は、今現在も常にこのような状態になってしまっていないでしょうか? 思いあたることはないでしょうか?

「切り離されている」という最初の錯覚的な思い込みは、次に**「不足・欠乏」**という思い込みを生みます。自分の肉体が宇宙全体の循環の通路（パイプ）である、ということを理解できず、自分には巡ってこないものがあると思い込み、人生には「足りなくなる・不足することが起きる」と錯覚してしまうのです。こういう人は「どうやって欠乏しないようにうまく生きるか」という術（すべ）を身につけるために、人に愛されようとしてみたり、まわりから気にいられるように努力してみたり、そうやって他者に補ってもらいながら生きていくことが、人生の最大のイベントになってしまっています。これはどう考えても不幸なことだと思うのです。

あなたが本当にいいたいこと、表現したいこと、人生のなかでつくりだしたいこと、チャレンジしたいことなどをストレートに出すことよりも、外側の世界にうまく気にいってもらう形で適応しようと生きていくことは不幸です。本音と建前の間で大きく葛藤することが増え、そしてほとんどの人が、建前を優先することで自分を守ろうとしています。それは恐怖からです。

この建前の自己（性格）は、あなたに本当の充実感や内面的安心をもたらしてはくれません。それはあなたの本来のありようでもなければ、本当の姿でもないからです。あなたは自分を嘘で固めて生きていないでしょうか。自分の本質的な欲求の表現をさせていないのですから、あなたの生きる情熱も躍動感もだんだんと薄れていくのです。毎日少しは本当の自分を部分的に表現できても、ほとんどが恐怖による建前の自己しか出せないような習慣にあなたは無意識のうちに陥っていることに気づいてください。まずはこの事実を知って、認めてください。

あなたは「自分自身とは肉体である」という誤った既成概念を、DNAレベルで先祖から手渡されています。自分が肉体だという信念が根底にあるため「切り離されている」という錯覚が生まれているのです。

究極のヒーリングとは、本当のあなたの「真実」を思い出すことにあります。**究極の変容、アセンションとは、あなたが「空」という喜びの観察意識であるという真実を思いだすことです。**あなたが単なる肉体ではないという真実を思い出すことにあります。あなたが、あなたに関する真実を思い出せば出すほど「切り離されている」という錯覚も、不足・欠乏という恐怖感も薄れていくことを実感できるはずです。

あなたは、信じるものを見る！

私たちの肉眼は光で物を認識しますが、その対象物は光によって大きくゆがむのです。つまりあなたが見ているときと見ていないときとでは、全然違う形態をしていることになります。量子物理学のミクロ世界では「見ようとする対象物は、必ず見る側の想念の影響を受ける」とか「実験結果は科学者の影響を受ける」といいます。

あなたが母親を見るとき、その母親はあなたの思考のエネルギーによって影響を受け、変化してしまっているのです。そしてあなたの父親があなたの母親を見るときは、父親のエネルギーが母親に影響し、そこには父親から見た母親像ができあがっているのです。各自がそれぞれの肉体の中に入力された解釈や想念プログラムというレンズを通じて対象物を見ています。つまり、あなたの母親は見る人の数だけ存在し、絶対的に決定された母親の定義は存在しないということになります。あなたと父親が母親について議論しても、意見がかみ合わないのは当然なのです。

知っておいていただきたいことは、あなたが見ている現実世界はあなた独自の個性的でユニークな創造世界であり、同じ宇宙は一つもないということなのです。ですから「わかり合えない！」と悩むのはナンセンスで、あなたの個性的な見方や解釈があるということに気づけばいいのです。個性的で主観的な見方が悪いのでもなく、間違いでもありません。単に各自のプログラムのせいでオリジナルの見え方になっているのだという事実を知っておく必要があるだけです。各自が思い込みや信念というレンズを通してまわりを見ているのです。どんなレンズを使ってどのように見るかは、各自に与えられた自由です。疑いと恐怖のレンズを使って歪んだ見方をしようが、愛と中立のレンズを使ってストレートな見方をしようが、全く自由です。たくさんの見方や見え方が存在していいのです。そしてレンズを通さず、最も中立な見方で眺めた事実は「すべてが、いのちとして存在している」ということだけです。

ここに52億の人がいるとしたら、52億の平衡宇宙があるのです。その中で共通認識の部分を持てるようにセッティングされているのです。私たち全員がそれに同意して3次元に来ています。この共通認識の部分は少ししかありませんが、この数少ない共通項によって私たちは全く同じ、一つの宇宙に住んでいると錯覚させられてしまっているのです。

あなたという「空（観察意識）」の中にはあらゆるすべての情報（データ、プログラム）が眠っていますが、あなたが「こうなったらいいなあ！」と強く思えるということは、すでにその情報が存在するからなのです。しかもそれは気持ちが向きさえすればすぐに起動ボタンをONにして使えるようにセッティングされています。

あなたが現実だと信じ込んでいる3次元の現象世界とは、実はこの「空」という内面の情報世界が各自のレンズを通してさまざまに外側へ反射した3D映像のことなのです。「空」の中のものが反射し、外に写し出されて、３Ｄの立体スクリーンで見ているのです。ですから肉眼では見えない「あなたの内面の世界」こそが、本当の意味での「現実」といえるでしょう。

あなたの頭は錯覚しています。世間や世の中、現実や環境というものが先にあり、その中にあなたが放り込まれてしまったのだと……。それは逆です。先にあなたの考え（情報）が中心を定めて生まれ、それが外へ波紋としてにじみ出ていって現象化し、まるでそこに世間があるかのように見えているだけです。私たちの肉眼は、外側の結果を見る装置であるため、外側を見ようとすればするほど意識は外に広がっていきます。

内なる目で内面の世界（原因の情報）に意識を向けないかぎり、外側のスクリーンに振り回わされていくだけになります。内面の情報（データ）が変わらないなら、外側の現象は同じままです。あなたの宇宙に起こる必要がないことや、起こってワクワクしないことは、ただそっと放置しておけばいいのです。静かに放っておくと、開いた時空間が閉じていきます。そのかわり、あなたは自分が喜びを感じることを見たいと決意すればいいのです。

あなたは空間認識する者

あなたは、私たちのまわりには宇宙空間というものが存在していて、その中に白分自身や家族や人類や物質が入っているという認識をしているはずです。自分はその中に後から生み出されたちっぽけな存在のように思っているのではないでしょうか。しかし事実は違います。今までの空間認識から、ぜひ、いったん離れてください。真実は、あなたの意識が最初にあり、そこに後から物質的空間が次々と開かれているということなのです。このことを物理学では座標系と表現します。座標系は、立体空間や場（スペース）のようなものだと思ってください。

あなたは「空」という自覚ある観察意識です。すべての中心です。その意識の方が物質的な空間より先に存在しなければ、空間は開くことができません。場（スペース）を開くことができません。テーブルという空間、椅子という空間、テレビという空間、スリッパという空間、壁という空間がそれぞれの「場」を広げているのです。それら一つ一つの物の空間を、あなたという「空（観察意識）」が認識し、観察しているのです。

このように、私たちが見ている空間は、それぞれの物体・物質空間が幾重にも重なってダブった状態のものです。あなたがリビングをイメージした時は、まずリビングの場の空間を広げ、そこにソファーやテーブルの空間を広げ、ペンやメモ用紙などの空間を広げ、電話機の空間を広げて重ねています。あなたという観察意識がなければ、現実空間は開かず、そこにいろいろな物を配置させて存在させることすらできないのです！

そして人の数だけ意識があり、それぞれの意識たちが万華鏡のようにたくさんの現実空間を開いて遊んでいます。どんな現実の結果になるのかは、それを観察する人の意識次第ということです。私たちが創造主だとか、神である、というのは、まさにこのことなのです。

あなたの周囲が無限の自由空間です！　あなたはこんなにも自由な創造の空間という場を持っているのです！　あなたの意識次第なのです。あなたの好きなように思っていいのです！

その空間には、最初は絶対的な物理的高さも広がりもないのに、あなたの思ったとおりに空間が変化し、広がっていきます。あなたの思ったことが絶対的なものになっていくのです。これが物理でいうところの絶対空間です。あなたの思いで大きさも時間も伸び縮みするからです。

ネズミは4分という「時間枠」のなかで思考することが観察でわかっています。彼らは4分先のことを考えることができ、逆に4分前までさかのぼって考えることもできます。しかし、4分を超えると、彼らには何も存在しないことになります。彼らがなにかを考えられる範囲はそれだけなのです。

人間はきわめて広い範囲を有しています。子供の頃から死ぬまでの一生が人間の範囲です。そして普通の人より敏感な者にとっては、その範囲はもっと広大なものになります。彼らは自分たちの過去世を思い出せます。彼らはこの生の向こうの、未来の状況を想像し思いめぐらすことができます。そして、その時間的な長さを持つことで、経験というものに深みが得られるのです。しかしそれはまた、苦しみでもあるのです。

ネズミは4分以上のことを考えられないのですから、未来のために苦しむことはあり得ないし過去を思いだしてくやしがることもありません。ネズミにとってはせいぜい4分以内の間にしか全世界が存在していないのです。仮に4分前に苦しみがあっても、4分たてば消えているのです。しかし人間の時間軸と比較して彼らが不幸ということでもないし、幸せということでもありません。

ネズミは思いめぐらすこともできないし、イマジネーションすることもできません。恐ろしいことも、苦しいことも「ない」のと同じです。そして、実際ネズミは正しいのです。現実というものは、本当は「ない」のですから。本来なにも「ない」ものを、過去の記憶と未来への思いをはせることによって「創造」するのが人間です。ですから現実とは本当に幻のようなものなのです。幻なのだからといって、いいかげんに生きていくのではなく、幻だからこそ自由につくって楽しんでいけばいいのです。

では、時間というものを極限まで短くしたらどうなるのでしょうか？　そこには「今という瞬間」しかなく、その一点においては無数の方向性（ベクトル）や可能性だけが内在しています。あらゆる方向への可能性がその「瞬間」に凝縮しているのです。

「今という瞬間」がいかに自由な方向性を含んでいるのかをどうぞご理解ください。あなたの意識が向く方向に時間軸が伸びていき、現実創造のプロセスを体験する場や空間が広がり、開くのです。あなたは、意識の世界に生きていて、同時に目の前に「物理次元」（観察対象）の世界をも自由につくって、楽しくそこを認識している存在なのです。

肉眼がもたらす誤解

あなたは普段、無意識に思考を使っています。あなたは頭を使っているとき、その思考の内容自体をあまり意識していません。疑いもしません。自分が一体どういう思考を採用して使っているのかに、明確に気づくこともないでしょう。その思考内容に明確に気づいていくために、これからは意識的に観察者になることをお勧めします。

最も大きな誤解は肉眼によって起こります。「現実、一般社会、世界、宇宙というものが確固として存在している」という誤った考えを丸のみにさせてしまうからです。あなたはその現実空間に、まるで自分が埋め込まれているような不自由さや制限された感覚を味わっているのではないでしょうか？　最初から存在している、かたくてしっかりとした現実空間の事柄は、自分ではカンタンには変えられないと信じていないでしょうか？　歴史的に現実世界が以前から続いていて、後から自分が入り込んできたのだから、自分が消滅してもこの現実空間は残ると思ってはいないでしょうか？　仮にあなたが死んでしまったとしても、あなたの後に現実空間が残ると思っていないでしょうか？　そんなことはありません。あなたという意識を中心として開かれた「現実空間」は、あなたの命の終わりとともに閉じてしまうのです。他の方々を中心として開いている現実空間は残っていますが……。もっと身近な例でいいましょう。

あなたが自分の部屋にいて、その部屋を出ても、部屋はなくならないと思っていませんか？本当は、この部屋を出ると、部屋はあなたの記憶の中にしか残っていません。あなたが寝ている間は、部屋はファジーな半透明なエネルギーになっていたりするのです。それは何故かというと、**見る者や観察する者がいて初めて物質化現象が起きるからです。**

あなたの外側に、あなたと分離した3D空間があるという信念、これはかなり根強い思い込みです。外に確固とした現実空間があって、自分がいなくなっても自分と分離しているこの世界は残ると思っていたりします。

しかしあなたは自分自身の空間と分離などしていません。

さらにおもしろい例があります。パソコンの操作でマウスを動かすとき、画面上を白い矢印が動くことはご存じですね。これも本当に矢印が動いていると肉眼が勘違いしているだけなのです。どこにも矢印という物理的なものはないのです。単にパソコンの画面上にある無数のドットが順番に光っているだけなのです。この３Ｄ空間もギッシリと光の粒子で埋め尽くされており、あなたが歩くとき、あなたの肉体が移動しているように見えるだけで、実際はその移動したいと思う地点の光の粒子がＯＮして、そこに肉体細胞として見えてくるだけなのです。光の粒子の情報のＯＮ／ＯＦＦが起こるのです。

肉体も物質も時空間の中を、線を描いて動くのではなく、あるところでＯＦＦ（消滅に見える）になり、別のところがＯＮになって発現していくのです。あなたという意識が先に移動して、移動したところの光がＯＮになって細胞として発現します。あなたは意識ですから、あなたの意識の向いた場所で、光の物質化が起こるのです。

あまりにもあなたの意識の動きが速く、アッという間に現実化するので、まるで肉体が移動したようにしか見えません。ちょうどペラペラ漫画の動画の理屈に似ています。このように毎瞬毎瞬あなたという「空」は自分の思うところに物質化現象を発現させているのです。あなたは自分のなかの強い信念に基づいて「～に違いない」と思うことを物質化し、肉眼で見ているのです。あなたが見たいものを、あなたが見たいように見ています。見えるはずだと予期するもの、そうだろうと期待するものを見出しているのです。

一般的な時空間という発想は、私たち人間が感情体験をするためにつくり出したアイデアであり、あなたという「空」の中に最初からある情報（データ）の一つなのです。もともと時刻も時間もなく「今」という瞬間しか実在していません。時刻も時間も「今」という瞬間を概念の上で種類わけし、名前をつけただけのものなのです。ですから「宇宙はいつから始まった？」という質問には誰も真相を答えられないのです。「今」しか実在しないことがわかると、あなたにとっては「今この瞬間にあなたがあなたの宇宙をつくっている」としか答えられません。あなたが見たくてつくっている現実宇宙しかないのです。

あなたの部屋にテレビがあって、あなたが背を向けると、それらはファジーになってぼやけます。カオス（混沌）に戻るのです。あなたが再びそれを見ようと振り向いたら、その瞬間にテレビの形をとります。テレビに関するあなたの頭の中の記憶の画像が、その場に写し出されるようにして、すぐに現実的な形として見えていくのです。あなたが夜布団に入って眠ったとき、このテレビはいったいどうなっているのでしょうか？　テレビがまだあると、あなたはどうやって証明するのでしょうか？　あなたが見ていないときのことは、あなたの世界においては存在していないということなのです。

これは科学者にとって大きな発見であり飛躍でした。彼らは次のステップに入らなければならない時期に来ています。彼らは「各自こそが、目の前の現象を創造している観察意識」と明言する立場に来ているということです。部屋のテーブルに対するのと同じように、この肉体が当然「ずっとここにある」と思うなら、そうなるのです。じつは毎朝そうやってあなたは肉体を出現させているのです。寝ている間、誰もあなたを見る人がいなかったら、きっとあなたの肉体はファジーでぼやけていることでしょう。

あなたの肉体の本当の親

今までのあなたは、自分を肉体そのものだと信じ込んでいたかもしれません。ですからあなたにとって、自分をつくり出してくれたのは両親だと思っていたかもしれません。確かにＤＮＡという情報は先祖から受け継いだものです。しかしそのＤＮＡの情報を起動させる「電源」がなければ、肉体は単なる物質の塊のまま動けないのです。いのちが吹き込まれることはなかったのです。このすばらしく高度な精密機械のデータを起動させるもの、スイッチをＯＮにするもの、発火させるもの、つまり「あなた」という意識がなければ、現在の肉体がいのちを持つことはできなかったのです。あなたこそが肉体細胞の「電源」なのです。発火点なのです。肉体を体験したい！つくってみたい！　というあなたの情熱、好奇心、興味、意図、願望が「電源」となって物理的肉体のスイッチをＯＮにしたのです。

人間の肉体という最高の生命体をあなたという「空」がこよなく愛し、興味を持ち「一体どんなことをして、どんなことをつくり出すのだろう？　その結果どんな感情や思いを持つのかを知りたい！」という意図や願望を持ったのです。この肉体観察への「空」の愛と興味は尽きることがなく、それゆえ今ここにある肉体に今現在もいのちを送りこんでいるのです。あなたという「空」が中心核となって、その周囲の肉体細胞に向けていのちを送っているのです。

今のあなたの肉体の本当の養い手、本当の造り手、いのちの本当の親は、あなたという「空」なのです。両親からは機械的なデータをもらっただけです。その意味でいうと、あなたの両親の肉体も、あなたの肉体も、ともに同じ光で構成されており、肉体だけの側面からいえば、親子ではなく双子といえるのです。

これらの人間の肉体は、非常に危険な環境の中でも生き抜くことができるように、そしてまた、他の生命たちとも共存していけるように、そのつど改良可能なシステムを持つようにつくられています。物理的に生き残っていくために、よりパーフェクトなものへと、そのつど改良され進化し、ハイブリッドになっていきました。

肉体をつくる以前の「空」は、自分がその瞬間に創造したものだけの、単独の波動しか体験できませんでした。

たとえば、星、月、太陽、花、木、鳥や動物、水、土、火、地球、その他のたくさんの創造物をつくり、その中に観察意識として入ったまま、その単独の体験をすることしかできませんでした。今までつくってきたすべてのものを同時に観察し、経験するためには、それらと同じ波動を持ち、それらを味わう感覚器官を備えた物理的な乗り物が必要だったのです。そのために人間の肉体をつくりました。

この肉体をつくったことで「空」の観察できる領域は大幅に拡大しました。動きながら感じることもできる肉体を創造した段階になって、ようやく**自分がつくったもの全部を同時に味わえる**ようになったのです。ものすごく繊細な感覚、感情、フィーリングから強烈で鮮烈な感覚まで、じつに多彩で幅広い領域の波動を感じることが可能な肉体をつくったのです。ただし、肉体の側はあくまでも創造された「物」に過ぎず、肉体そのものがそれ独自の自主性を持って、新しい何かを創造することはありません。

肉体は**あなたという「空」の意図と決意にすべて従って、そのまま物理化や現実化を実行する、**忠実な奉仕者なのです。肉体は肉体の親である「空」を愛していて、だからこそ「空」の願望を全部受け入れ、現実化してくれます。そして、あなたという「空」もまた、自己の創造物である肉体をこよなく愛し、肉体が引き起こすすべての「感情反応」を興味深く観察し続けているのです。ですからあなたという「空」から肉体に向けて、今この瞬間も「愛のいのち」が送り込まれているのです。

あなたは細胞の中心に「空」意識として存在し、あなたが支点となって細胞たちを束ねています。肉体細胞が飛び散ることなく、一つの形態としてまとまっていられるのは、あなたという「空」が支点として中心に存在するからです。

私たちは人間の肉体ではなく、肉体にいのちと動きを与える側だったということなのです！　あなたという「空」と、人間の肉体の関係はこういうしくみになっているのです。

私が小さかったころの疑問、それは「動物や鳥や人間がなぜ動けるのか？　電池か電源はどこにあるのか？」という疑問への答えが本当に明確になったのです。しかもこの電源の場所が、肉体細胞の中心に位置する真空の部分であり、ここが「空」という自覚意識の位置なのです。もちろん、肉眼でとらえられない位置であり、顕微鏡でも観察することはできません。

「空」という源泉は、光を生みだし、その動きを観察する側であって、観察される側ではないからです。光が具現化した結果を観察する側だからです。

私たちの肉体細胞の中心には、このように生まれつきエネルギーの「源泉」があります。そして私たちはこの中心の源泉こそが自分だということを忘れたままでも、あるいは全くそのことを知らなくても生きていけるのです。実際、ほとんどの人が今日までその事実を知らないまま生きてきました。それは本人が「まだ死ねない」と思ってきたからで、つまり「空」が思ったことだからです。頭の部分が「自分が何者だったか」を知らなくても、理屈を分かっていなくても、本人の意識がちゃんと肉体を存続させてこられたということなのです。

声

あなたは偽の自己（性格）を自分だと思い込んでいます。つまり感情や態度や行為を自分そのものだと勘違いしているのです。ですから感情のいうことに振り回わされ、感情のいいなりになったり、それをおさえつけようと躍起になったりしているのです。あなたは複数の人格や性格を持っています。あなたの中には悪魔もいるし、殺人鬼もいるし、聖人君子もいるし、みじめで、情けなくて、不安でいっぱいの部分もあることでしょう。つまりあなたは多重人格な存在です。しかしなぜ多重人格だと理解できるのでしょうか？　それは「誰か」が耳を傾けているからです。多重人格の声を聞く「誰か」があなたの中にいるからです。彼らの訴える「声」に耳を傾けているのは誰でしょうか？　その不満だらけの「声」を聞いているのは誰でしょうか？　不満を訴えてくる「声」たちを認識しているのは誰でしょうか？

その「誰か」というのが「あなた」なのです！　体の声や、苦情や、悲しみや、恐怖感が訴えてくる「声」をあなたが聞いているということは、あなたはそれらの感情とは別の存在であることが明白です。あなたが**ほしい現実や物事を100%叶えられなかった一番の理由は、この「声」たちを自分自身だと勘違いしていることにあるのです。**この「声」を自分自身の思いだと信じ、自分自身が感じていると勘違いしているため、苦しんでいるのです。しかしこの感情的なトラウマたちの「声」は「あなた」ではありません！　これらの「声」はあなたが養ってきた民たちであり、民はあなたという主人に向かって訴えているのです。「どうかわかってほしい！　どうか別の現実をつくって変更してほしい！」と訴えているのです。

あなた自身は、不足や欠乏の声ではないのです。「あいつがあんなことをした」「こんなひどい目にあわされた」「自分はダメだ」「私は全然持っていない」「もっといい環境にいたらなあ」といった声は、あなた自身ではないのです。声に気づいたら、その時こそ自分を取り戻して「聞き手」であるあなたを自覚してみてください。声の訴えを聞いている「認識者」であり「観察者」であるという自覚をより太く強くしてください。中心に存在する観察者（認識者）が自分自身だと心から納得し、その理解が強く太くなれば、おのずと訴える「声」に対して揺れ動くことはなくなります。動じなくなるのです。「空」という観察者があなたであり、人格（＝声）との区別がハッキリしていけばいくほど、あなたはパワフルになっていくのです。訴える「声」を聞いてあげれば、あなたが養っているさまざまな感情である民たちの反乱は終わります。あなたという主人に彼らは聞いてほしいだけなのです。彼らの苦悩に耳を傾け、その気持ちが理解できたとき、彼らは静かになるのです。彼らの訴える「声」は今後も不安感や不満をいってくるかもしれません。

そのたびに「声」が知らなかった新しい情報、つまり**「現実はいつでも自分の好きなように変更できる」**という情報を「声」に与えてあげることで、人格の部分が納得して引き下がっていくことでしょう。

あなたは、性格や人格という偽の自己から「空」という創造元&観察者（認識者）に戻るべきなのです。どこまでも、そして、いついかなるときも、常に「声」を認識する側でいてください。そうでなければ、あなたは「声」を救ってあげることができないからです。きわめて感情的な「声」から切り離された位置にいればいるほど、あなたは創造の主人となり、どんな願望も達成することができるのです。あなたという「空」は「声」の主人であり、願望を発する側であり、その願望達成を観察する者（意識）であるのです。しかしこのような自分の事実を知らなければ、自分の現実状況に一喜一憂することになり、多くのエネルギーを消耗していきます。

このことは私もよく理解できます。私自身も最初は、自分が人間という肉体だと思い込んでいました。

ところが、あるとき私は「もう、感情に振り回されることに疲れた」とウンザリし、いったい現実はどういう仕組みになっているのかを真剣に探求するようになったのです。そして幸運なことに、何人かの師や、物理学者のサポートに導かれ「空」という事実を確信するに至りました。それ以降、とにかく常に自分が観察者（認識者）であり続けていくことを決意し、どのような思考や感情に対しても、少し距離をおいて「これは自分自身ではない」という視線で眺めることを続けていくうちに、いつのまにか喜び溢れる繊細な感情や、躍動するいのちのフィーリングが湧いてくることに気づいていきました。これは本当にカルチャーショックでした。

なにか特別なできごとが起きなくても、なにも大喜びすることがなくても、ただひたすら至福感覚を味わえることに気づいていきました。それはこの観察者という「空」の立ち位置が、永遠なる至福といのちへの情熱という性質で成り立っているからなのです。そこは神聖なる静寂であり同時に喜びや情熱や祝福を溢れ出させる性質で成り立っているからなのです。すべてを拡大発展させていく「弥栄（いやさか）」のエネルギーを浮上させる性質で成り立っているからなのです。その至福の喜びの状態であなたが存在していくとき、不愉快で嫌なことが現実に起こるわけがないのです。それどころかこの状態にあるとき、どんな願いも望みも思いのままなのです！　しかもその願望は、必ずまわりと調和しているはずです。まわりに貢献できる願望のはずなのです。

「足りない！」という問題

さまざまな悩みや問題、障害の原因は「自分は切り離されてしまった肉体という存在なのだ」といった錯覚の上に成り立つ「不足と欠乏」という思い込みによるものです。あなたは自分自身や世の中に対して「なにかが欠乏している」「足りない」という思い込みを持っているため、それが病気や現実的障害となって現れているのです。

自分には価値が足りない、財産が足りない、知識や学歴が足りない、食べ物が足りない、住居の広さが足りない、友人が足りない、体力や若さが足りない、美しさが足りない、時間が足りない、想像力が足りない、実行力が足りない、社交性が足りない、実績や成績が足りない、地位と名誉が足りない、知名度が足りない、成功数が足りない、遊びの幅が足りない……。

あなたは四六時中「自分に足りない条件」を考えています。あなたは「足りない条件」を満たすことで、何とか「形のうえでの完全さ」を整えようとがんばっているのです。どんなに「足りない条件」を整えても、内側が１００％満ち足りることはないとあなたが気づくまで、その奮闘は続くことでしょう。本来、**愛とは条件がつかない**もののことだからです。「～だから愛してあげるね」という条件がついたものは、古い奴隷制度、ごほうび制度のなごりであり、洗脳コントロールでしかありません。「愛して認めてあげる」という他人からの餌によって、あなたの人生のすべてが他人の都合のいいようにコントロールされてしまうだけなのです。

愛と愛情はまったく異なる波動です。愛は愛情のようにベタベタしていません。けれども私たちは「愛とは愛情」だという誤った信念を持たされています。そしてこの「愛情」においても、あなたはその他の物質と同様「自分には愛情がまだまだ足りない」と思い込んでいるために、なるべく多くの愛情を独占所有しようと奮闘してきたのではないでしょうか？　できる限りたくさんの人に好かれようとするのも、たくさんの人に人気がある方がいいと思うのも、すべて「不足と欠乏」への恐怖から生じる反応パターンなのです。とにかく人よりなるべく多く所有することが良いことであり幸せなことなのだと、あなたの頭は洗脳されているのです。

「人生は不足と欠乏ばかりで、しかもそれは非常に悪いことである」という恐怖感に動機づけられたプログラムの存在に気づく必要があります。そしてこのプログラムの存在理由が、人生の側面の一つを「恐怖感として体験することが目的」であることを理解し、もうその経験をわざわざ選ぶ必要がないこと、そしてその「不足と欠乏のプログラム」自体が「悪」でもなければ、その経験も恐怖感も「悪」ではなかった、ということを理解する段階にあなたは到達しているのです。

これまでの歴史で繰り返されてきたように、時代ごとの権力者たちが世界を手に入れようと戦い続けてきたことも、心の奥に「不足と欠乏」の思い込みがあるからです。そして一番根底にある信念が**「足りないことは悪である！」という思い込み**なのですから、ただ足りないだけの状態が「悪い状況」として創造されてしまうのです。よく考えてみてください。足りないスペースがあるから、新たなことがそこに展開できるのです。足りないことにもきちんとした役割と意味があるのです。

「足りない」ことをあなたが「悪い！」という発想で色づけしているから、**あなたの解釈どおりに足りない状況を悪い現実にしている**だけなのです。「足りない」という発想や、足りない状況自体は本来「悪」でもなんでもないのです。ですから拒絶することをもうやめてください。足りないことが不満であるのなら「足りない」と信じている考えを選ばないでください。

大切なことは条件なしであなたがあなたを愛することです。ありのままのあなたを愛すると決めてください。あなたの両親も、先祖も、あなたを条件なしで愛する方法がわからず、そんな愛を知りませんでした。知らない、体験していない、学んでいないことを、子供に与えることはできません。ですから親のせいにもしないでください。

今から、あなたから始めてください！
自分で自分を無条件に愛することを！

「なにも成さなくても、ただそこに息をしているだけで、あなたは最高の存在なのだ」と、あなたがあなたに教えてあげてください。そうすれば、自然に充実感があなたの内側に満ち溢れ、あなたの呼吸が深くてゆったりとしていくでしょう。そしてあなたの呼吸が、あなたの現実人生の質を深くてゆったりとしたものに変えていくのです。

願いが100%叶い続けることの悲劇

空間から物を取り出すことができる人のことは「奇蹟の人だ！」と褒めますが、空間に物をなくす人のことはあまり奇蹟とは認識していなかったりします。実は私はよく空間に物をなくします。

先日もふと「仕事部屋でチベタン・ベルを鳴らせ」というメッセージが降りてきて「なぜ？」と思いながらもベルを保管している引き出しを開けたら……「な、ない！」のです。

そうなのです。そこにあるはずのベルが消えていたのです！　たしか前回は、レイキ（ヒーリングの一種）を受けにいらした相談者に使用したのですが、その後はしまったままのはずでした。しかし見あたらないのです！　別の場所には絶対に保管しません。時々なくすので、絶対に場所は変えないようにしているのです。

そしてそのできごとの二日後のことです。喫茶店でたくさんのチャネリング情報が降りてきたので、たまたま持っていたコピー用紙に必死で書きとめ「あとからブログに載せよう！」と思い、一気にコーヒーを飲みほして急いで自宅に戻り、カバンを開いてみたら……。「ない！！！」書いたばかりの資料が……ないのです！

以前からもう何回もこんなことが起きています！　一番大事にしていたお気に入りの帽子も、ほんの数秒玄関に置いてからリビングに向かう途中、嫌な予感がしたので引き返したら、なくなっていたこともあります。数年前に、主催していた透視講座のために用意したテキスト資料を「絶対になくすまい！」と指さし確認してカバンにいれ、そのカバンを玄関に置いてトイレに行き戻ってきたら、その資料だけが消えていたのです……。

このときはさすがに我慢の限界を超え「ふざけないで！　いいかげんにしてください！」と天に向かって叫んでしまいました。スーパーサイア人のように、頭の毛が逆立つほど怒りが込み上げてきたのです！　なくす、失う、喪失するというできことが「良くないことだ」という思い込みが私の中にあり、それらのことを、私自身がまだ「祝福」できていないことを、イヤというほど思い知らされました。物を空間から出す自分は存在価値があるけれど、物をなくす自分はダメだというプログラムがあったのです。

そしてこんなことを思い出しました。もう8年程前、ある20代後半の女性の相談です。これまでの相談の中で、彼女の相談ほどビックリする内容に出会ったことはありません。彼女はこういいました。

「私は昔からすべての願いが必ず全部叶うのです。１００％です。全部叶うことがどれだけ苦しいかわかってもらえますか？」

私は一瞬「？」となり、からかわれているのかしら？　としか思えませんでした。しかし2万円払ってまで人をからかうことはないはずですから、私はカウンセリングのために真剣に話を聞き続けました。彼女は特に目立って美人でもかわいいわけでもなく、普通の女性ですが、勉強もでき、健康で病気もせず、事故にも遭わず、家も裕福、スポーツもでき、好きな男性は全員ゲットし、結婚もできて、とにかくどんな内容であっても思うとすぐに叶ってしまうのだそうです。

「もう今後の人生も全部思いどおりになることがわかっています。そんなふうに100％わかってしまっていることが苦痛なのです。願いが叶わないとか、苦しみがあるとか、それがいったいどんなことなのか本当にわかりません。きっと不倫でもすれば苦しくなれるのかと思って実行してみましたが、苦しくなれませんでした」

「……？」という感覚の私。

そして彼女は私のところに来られた段階で、ホームレスの仲間に入っていたそうです。しかし洋服も不潔ではなく、白い木綿のブラウスに白いスカートでなんともまあ品格のあるホームレスです。彼女は話を続けます。

「ホームレスになったらきっと不幸がわかるかもしれないと考えたのですが、特に不幸でもなく、やっぱり普通なのです」

彼女は陰陽でいうと陽極（プラス）の「MAXレベル（極限）」にいるわけです。そして彼女がどんなに陰極（マイナス）を望んでも得られないのは、陽極（プラス）への感謝と祝福がないからです。一般人とは真逆の悩みですが、必ずしも「何らかの状態」や「特定の状況」が人を幸せにするのではないということを教えてくれたできごとでした。

私たちは、なくす、失う、手放す、出ていってしまう、別れる、などに対しては「良くない。不幸なこと」というプログラムを持っています。マイナスは良くないという洗脳プログラムです。逆に手に入れる、得るというプラスのみが、すばらしいというプログラムを持っているのです。この「陰陽の両極」あるいは「表と裏の両面」に対して、心の底から「祝福」「感謝」「お祝い」することが、あなたの人生のバランスを取り戻すための最優先事項です。そして人型生命体（人間）としての本質は栄えることにあり、手に入れることはすばらしいことなのですから、どんどん手に入れ、得ていいのです。ただ離れていくことや去っていくものにも否定感を持つ必要はありません。手に入れることと手放すことで陰陽一対です。

これも久々に思い出したことですが、5年以上も前のことです。「裏大黒を忘れるな」というメッセージが降りてきたことがありました。そのときは意味がわかりませんでしたが、今ごろになってようやく理解できたのです。なくす、出ていく、別れる、それらを象徴するものが「裏大黒」だったのです！

アセンション&ディセンション

ショックかもしれませんが、実はあなたはかつて一度も生まれたことがありません。あなたは「空」という意識なのであって、意識自体は生まれているわけではないからです。あなたは創造意識です。つまりなにかを生みだして観察する意識ではあるけれど、生まれたもの（被創造物）の側ではないということです！　あなたが生まれているのではなく、あなたは、あなたが生まれさせたものを見ているだけということです。これは思考やエゴが最も嫌がる話です。でもどうか、あなたはこの事実をそろそろ思い出してください。

あなたは**生まれているのではなく、ただ覚醒しているだけ**なのです。

あなたは覚醒したまま、いろいろなことに気づくことしかできません。そして司令塔です。あなたという「空」は、気づきの連続のために、今も今後も現実を創造し続けていくのです。私たちのことを、創造主とか神とか表現することがよくあります。しかし創造主や神という言葉には各人各様の概念があり、誤解が生じやすいかもしれません。このいい方ではまるで私たちとはかけ離れた存在のようにも思えてしまいます。もう少し具体的な表現をするなら、創造意識、創造元、いのちの喜びの発信源といったような感覚でしょう。

さて今回のように人間の肉体を創造して持ったあなたは「天使ボディ」のときよりもずっと進化していることをご存じでしょうか？　天使たちの方がこれから人間になって物理的世界を体験し、感情というものを知っていく予定の存在たちなのです。人間の喜びや悲しみ、さまざまな感情の葛藤や迷い、疑いなどについての彼らの理解には限界があるのです。かれらは二極のバランスとか、統合のことを実感できないエネルギーの存在たちです。天使をばかにしているのではありません。ただ人間の肉体を持つことがどんなに偉大なことかをお伝えしたいのです。ですから人間になることは罪でもなければ、堕落したことでもなく、劣っていることでもないのです。むしろ逆です！　人間の肉体を持って体験し、初めてあなたは宇宙の全次元・全領域を旅したことになるのです！　あなたはとっくに天使の領域は体験済みなのです。

アセンションという言葉に誤解が生まれるのは、このことを理解していないときです。アセンションの前にディセンションを知っておいてください。訳すると「降下」です。この日本語訳が誤解を生みます。映画に出てくるような、昔の古い観念の組織団体が、人間を神の世界から追放された「堕落した存在」だとして人々を洗脳しました。そのなごりが潜在意識や集合意識にすり込まれているので、私たちにとって、降下は堕落であるというイメージがつきまとうのです。

降下（ディセンション）とは堕落でもなければ落下でもありません。ディセンションとは、私たちの意識の旅がその経験の場を拡大してきたという意味です。創造の場を広げてきたという意味です。あなたはたくさんの次元を旅してきて、今こそ最大の経験の場にいるのです。しかしいつからか、あなたは創造された側の方が自分なのだと勘違いをしてきました。そのためにあなたの意識は分離状態となり、個別化された認識のままでいるのです。この勘違いに気がつき、源の意識である「空」こそ、根本の自分であることに気づくことをアセンションというのです。

アセンション、つまり源（中心）へ戻るとはどういう意味でしょうか？

個別意識のままの自分が、どこか源とやらに戻っていくのだという発想自体が全く違っているので、その考え方をやめて下さい。源（中心）、それは一体どこにあるのでしょうか？

それは「今、ここ」という瞬間のあなたの自覚意識そのものの中にあるのです。そこが源です。そこが「空」であり、そこがあなたです。源へ戻るというのは、「今、ここ」ではない「どこか」に行くことではありません。**あなたという意識が、源（中心）としての自覚認識を取り戻す**という意味なのです。

あなたという「空」について

あなた自身は肉体ではありません！

古来より、仏陀などの覚醒した人たちもこのことは知っていましたし、今現在も最先端で研究をしている量子物理学者たちもこの理論を述べています。私が子供のころに「自分と感じている感覚、一体これはなに？」と不思議に感じていた感覚、つまりこの「自分」という認識感覚、これだけが「あなた」です。泉の中心、波紋の中心なのです。まだ自分をまったく経験していない赤ちゃん、記憶喪失の人、認知症の人にも「自分」という感覚だけはあるのです。この自覚だけが「あなた」です。純粋に「ここに居る！」という感覚だけが「あなた」なのです。

人が住んでいる家はそんなに荒れ果てることがありませんが、誰も住まなくなると一気に荒廃していくものだ、とよく聞きます。あなたという「自覚意識」が肉体から抜けるとき、主人なき家が荒廃することと同じで、意識なき肉体も朽ち果てていくのです。これが死です。肉体はあなたという意識が宿っていることで生きていられるのです。誰のどの肉体の中にも本質的には全く同じ「自覚意識」が宿っています（ただし、魂とは違います。これについてはまた後で述べます）。では各自の人間としての個性や性格とはなんなのでしょうか？　実は性格やエゴや個性は、あなた一人のときには存在できません。なぜなら性格とは「関係性」のことだからです。宇宙に純粋にあなただけしか存在しなかったなら、関係性は構築されません。あなただけなら、感情反応や行動反応を起こす「スイッチの役割」の他者がいないので、まったく反応（リアクション）が出ないのです。性格とは、誰かとの関わり、なにかとの関わりの中で、そのつど**相対的につくられていった条件反射のパターン**でしかありません。相対的なものですから、絶対的に確定されたものでもなく、決まりきったものでもありません。つまり相手次第、条件次第でコロコロ変化するものであり、**性格や人格はあなたの絶対本質ではない**ということになります。

性格や人格やエゴはあなたの正体でも本質でもなく、他との関係における「架け橋」として、あなたの表面に飾りのようにくっついた「肉体反応のクセ」でしかありません。機械的な条件反射です。外からの電流の刺激を受けて、ピクッと反応する「電気ショック」のようなものです。なんらかの考えや言葉、情報が刺激として入って初めて、肉体がショック反応を起こします。かといって、ショック反応をする肉体があなたではないのです。

肉体の中で、ショック反応を受けとめ、感じとっている「意識」があなたなのです。どんな反応も、それを受け取る側の存在がなければ、認識されません。あなたも、相手も、彼も、彼女も、人間全員が同じように「自覚意識」という状態で肉体の中に存在し、各肉体の中で、それぞれのさまざまなショック反応を観察しています。泉の中心が、外に出ていった波紋や波動を眺め、感じとっているようなものです。

ではもう少していねいに「空」を説明しましょう。

「空」とはありとあらゆるすべての概念（ことば）・情報・想念を内包している自覚意識のことです。ちょうど泉の中心のように、物理的にはなにもないまま、あらゆるすべての波動・波紋の種子が潜在的に内在している「意識」のことです。想像を絶する無数の情報、無数の概念（ことば）のすべてが、可能性の種子として内包されている自覚意識のことです。「空」という、どこか仏教用語でしかないと思えたものは、じつは「あなた」という「意識」の正体だったのです。

かの有名なピタゴラスは「空」のことを「宇宙の第一原因」と呼びました。まさにそのとおり、すべての根本アイデアである種子たちの集まりのことです。あらゆるすべてということは、プラスもマイナスも含みます。悪魔も含みます。最良も最悪も含みます。可能と不可能という両方の「概念」をも含みます。あなたという「空」は、あらゆるすべての情報・概念（ことば）・データ・暗号・想念を、自己の内側にぎっしりと凝縮させた自覚意識のことなのです。
あなたは「すべて」を持っている、というのはまさにこのことなのです。

『空』のめざめと『光』の旅立ち

ありとあらゆる波動の種子（情報）がまだなにも具体化されず、現実の形にならず、単なる抽象的概念のまま、単なる情報のまま、機械的なプログラムのままでギュッと集まったものが「空」ですが、この意識だけがすべての**創造物に先だって**存在していました（波紋が創造される以前に、泉の中心があることと同じです）。宇宙空間も、時間も、次元という領域も、一切のモノ（波動エネルギー）が存在する前から、あなたというたった一つの中心、たった一つの「意識」だけがあったわけです。

ところが、ある瞬間「空」がじっと自分の意識（自覚）を動かさずにいるような、安定したままでいる状態にうんざりしてしまったのです。自分の意識を動かしたくなったのです。まわりにはいっさいの刺激もなく、なにも感じさせてもらえず、ただひたすら「自覚意識」として、同じところに静止・不動の状態でとどまっているだけのことに退屈してしまったのです。なんの刺激も感動もないまま、真っ暗な中でただじっとしていることがどんなに退屈なことか、今現在のあなたにだってわかることではないでしょうか？

しかし、その瞬間はあなたという「空」意識の周囲にはいっさいの形がなく、いっさいの波動もなく、見るための「対象物」が物理的にまったくないために、あなたはどこにも意識を向けることができませんでした。意識を動かすことができませんでした。そこであなたという「空」は、自らの気持ちを自分自身に向けることしかできなかったのです。中心が中心自らに気持ちを向けたということです。あまりに退屈で、なんでもいいから見ようとしたとき、たった一つだけそこにあった「自分自身」に気持ちが向いたのです。**自分自身だけが対象物**だったからです。

そのとき「このすべてを知りたい」という自分に対する根源の興味（つまり愛）が湧いたのです！あなたという「空」が、自分の中に内包されているすべて（概念・情報）に対して、ものすごく「知りたい！」という情熱でいっぱいになったのです！　そして「知る！」と決意したのです。その瞬間に「空」意識のビッグバンが起こったということなのです！　「空」の中にギュッと凝縮されていた情報・概念という創造の種子が「空」から外に向かっていっせいにはじけ散ったのです！

それは情報たちが**「光の粒子」の形態**となって誕生し、生み出された瞬間でした。知りたいと決意してすぐに、無数の光の粒子が中心から外側へ創造されたのです！

すばらしきかな！　まさに「光ありき」です。
あなたという「空」意識が、光を生みだしたのです。
あなたは光の創造元なのです。光の親なのです。

このときが宇宙の誕生です。まさしく宇宙というスペースが開かれました。「空」意識が、自分自身への興味と、自分の中の情報のすべてを知りたがる情熱をもったことから、光が創造され、宇宙スペースができたのです。「自分の内側のありとあらゆるすべてを知るぞ！」という、情熱的な決意を持つ「自覚意識」が「あなた」であり、その情熱こそが、この**現実宇宙を存続させる根本の動機**となっているのです。こうしてあなたは、**あらゆるすべてを知ろうという明確な決意を持った「空」意識として目覚めた**わけです。まさに覚醒です。

自分の中から生まれていった無数の光の粒子が、あなたの意識が向く方向にどんなふうにでも動くことを知り、あなたという「空」はますます光の動き（波動）に興味をそそられていきました。あなたの気持ちが、即、光の動きを左右するのです。「空」の意識が向かったところの光の粒子に影響が出るのです。光はあなたの思うままに動いてくれます。このことにとても感動し、あなたという「空」意識は、光の動きをさらに追いかけ始めるというゲームの虜になっていきました。

あなたは**光の粒子に動いてくれるようオーダーを出し、その光の動きを見つめる「観察意識」**になっていきました。この光の粒子の動きが波形なので「波動エネルギー」というのです。

このエネルギーは「スピリット」のことでもあります。このさまざまな波動エネルギーの展開ショーを「現実創造」といいます。

あなたという「空」意識は、そのつど自分の決意によって光を動かし、エネルギーをつくりだし、その営みのすべてを今この瞬間も観察し続けているわけです。その**観察内容が感情的に記録されたものを「魂」**と呼んでいます。肉眼で見える、見えないにかかわらず、この宇宙の全部があなたという「空」から生まれた光たちの動きによってつくられていったのです。そしてこの光を動かす司令塔は常に「あなた」なのです！

単なる「概念」「情報」「知識」で知っていることは、本当に知ったことにはなりません。そこであなたという「空」は、抽象的な「概念」「情報」を**具体的な形にし、それを見て、実感して知っていくことをやってみたかったのです。**こうしてあなたという「空」の情熱的な決意から生み出された光の種子（情報の種子）たちが「空」の意図によって、悠久の創造の旅をすることになっていったのです。

『空』の忘却

光の粒子を生み出して宇宙空間をつくって以来、あなたという「空」は、鉱物的なものやいろいろな動植物をどんどんつくり出していきました。この三次元的な物質世界は「空」にとって最高に拡大された体験の場、現実創造の喜びの場となりました。

あなたの正体とは「自分を知りたい！　知るぞ！」という情熱的な決意を持った意識です。その決意が動機となって、あなたはこれまでの現実を創造してきているのです。あなたは永遠に自己のすべてを知りたがる、喜びあふれる観察意識ということなのです。

あなたは新しいことを知る（体験する）ことでしか喜べないという性質をしています。新しい現実を創造し、今まで知らなかった別の喜びを体験することが、すべて知りたい、というあなたの本質的な欲求を満足させます。

あなたは昨日までと同じことをするためには生まれてきてはいません。常に全身全霊で、情熱を持って、新たな欲求を次から次へと叶えていきたい、新たな体験をしていきたい、という本質を持つからです。昨日よりもまた拡大した意識となり、拡大した喜びの現実をつくりたいという本能を持つ「意識」があなたなのです！

いまだ自分が知ったことのない喜びの現実を創造するために、あなたは肉体の助けを借りながら協力してやっていく「意識」なのです。肉体への願望発令主であり、オーダー発信主であり、すべての言語や概念にいのちを吹き込む「意識」なのです。その意識としての本質を生きていないあなたでは、毎日が死んだように色褪せてしまいます。本気になってあなたの自覚意識を明確に感じ、覚醒させていってください。あなたの本当の正体である「空」という中心の「意識」を強く太くすることです。そのためにも「事実」を知っていなければなりません。

どんな欲求でも、どんな願望でも、常に現実化されていく様子をみたいと意図しているのが、あなたという「空」の根本的な本能なのです。

しかしあなた自体は物理的なものではないから、物理的な他の対象物の助けがなければ、現実化（願望達成）という状況をなにも観察できません。あなたはいろいろなものを光からつくり、その中心に自分の意識を存在させ、つくったものの波動感覚を受け取りながら知っていく方法で体験をするしかないのです。**あらゆるものの中心は「空」（意識）であり、そのまわりに光の場（フィールド）を持っています。その光の場の波動が「空」によって観察され、実感されている**ということです。

あなたは人間の肉体のみならず、いろいろな物理的なものや状況をつくって興味を持って観察していくうちに、その波動の多彩さ、その多種多様な対象物の楽しさにすっかり夢中になり、自分が「空」という観察意識であることも、すべての中心であったことも、光を動かしている側であることも徐々に忘れてしまったのです。

あなたの意識のまわりでの「動く状況」に焦点を奪われ、物質的な創造物の方に夢中になり、いったい誰がそれらに向かって意識の焦点を合わせているのかという自覚をなくしてしまったのです。「空」の自覚は消え去り、喜びの「観察意識」だったことも忘れ、**肉体そのものが自分だと勘違いする**ことになってしまったのです。なにかを創造した結果、肉体が起こす感動や感情バイブレーションがあまりにも強烈だったからでしょう。肉体の反応という強いバイブレーションの波にすっかりのまれ、おぼれ、肉体の側に「空」の気持ちがはまり込んでしまったのです。このようにして肉体からのショック反応を受け取って、感じている側の「自分」のことを、あなたはすっかり忘れてしまったのです。

あなたは何故「肉体」をつくったのか

あなたという「空」がこの人間の肉体をつくったのは、鉱物や植物や動物にはない「多種多様な感情」を知りたかったからです。いろいろなできごとや現実をつくるのは感情を味わうためなのです。私たちはさまざまな願望や欲求を持ちますが、それが現実的に叶うときに肉体全身に高揚感が流れます。この肉体感覚が楽しいので現実化を望むのです。

感情が動くこと、これが感動です。「空」は感動したくて肉体をつくりました。最初のころの「空」にとっては、**感情をすべて知ること**が目的であり、どんな感情でも動いてくれればそれは感動なのです。特定の感情だけの一点集中ではなく、五感や第六感をトータルに実感し体験することが目的だったのです。もともと感情に「良い」「悪い」はなく、すべてが『ブラボー！』なのです。特定の感情への一点集中は「とらわれ」となり、人生において片寄った体験しかもたらしません。「空」の原初の意図である「すべてを知りたい！　知るぞ！」という方向に沿っていないわけです。すべての感情反応を知るため、あらゆる情報やプログラムを肉体に入力していったのです。パソコンでたとえれば、パソコン本体が肉体、入力されたソフトが情報やプログラム、入力し観察するのが「空」である「あなた」に相当します。あなたがいないとパソコンの情報更新もデータ変更もできません。

私たちは**現実だけをつくりたいのではなく**、必ずそこに生まれる実感的な「感情」を味わいたいのです。「空」にとっては人間の肉体の中で味わうさまざまな感情やフィーリングこそが「わかりたい！　知ってみたい！」ことなのです。どんな奇蹟をつくっても「わお！」という感覚がなければ奇跡だなんて思えなくなってしまうことでしょう。あなたという「空」は、人型生命体というすばらしい創作作品に対し、限りない喜びをもって観察し続けています。

「これはなに？　知りたい！」という「空」の欲求や決意によって、できごとや物質をつくった結果、それらの独自の感覚や周波数やフィーリングを充分に**味わって受け取って**しまえば、つまり実感して完全に**知りつくして**しまえば、当然のことながら、もう「空」はそれを経験してみたいという興味を失い、物体も現実的できごとも霧散してしまい、もとの光の粒子に戻ります。そして、ここからが大切な部分です。

物質や現実的できごとをつくり、そのできごとをきっかけに肉体から生まれた「感情エネルギー」をあなたという「空」意識がしっかり気づき受けとめなければ、その感情は流されず、成仏できず、光に戻れず、肉体内部にブロックされたまま放置されてしまいます。細胞の奥に隠され、忘れられ、なかったことになっていきます。これが**心の傷**と呼ばれるものです。このような**感情エネルギーのブロックがあるとき、肉体はその感情を浮上させて溶かそうとします。**それでもあなたが無視をして拒絶していると、もっと強い形で湧きあがってくるようになります。この古い感情体験が終わらないと、あなたが新しく意図し、願うとおりの現実が創造できません。できごとから湧き起こる正直な感情反応を知りたいと思って現実をつくったのですから、その結果を受け入れて感情を知ることが必要なのです。

光はどんな形にでも変容させられる最初の物理的な形態です。魔法の道具であり、錬金術の道具です。あなたによってある情報（考え・発想）が選ばれて決意され、願望という方法で放たれると、それらは光エネルギーとして動き始めます。エネルギーは、あなたが意図しなければ生じません。なんらかの決意や意図が最初になければ、エネルギーは生まれません。あなたがどのレベルの考えを選んで願望として放つかによって、結果的にどの感情が待っているのかが決まります。苦しい考えや解釈を選べば（決意すれば）、苦しい感情のできごとが待ち受けています。喜びと祝福にあふれた考えや解釈を選べば（決意すれば）、喜びと祝福の感情のできごとが待ち受けています。喜びがいいことだから選びましょうと勧めているわけではありません。あなたの自由な選択なのですからシンプルに選択してください。

逆転の真実へ

私たちはとても長い時間、自分自身を人間なのだ、肉体なのだ、と信じてきました。非常に動物的で、大した能力も持っていない、無力で非力な存在だと信じてきました。悠久の時を経てもなお、この信念は多くの人によって強化され、受け継がれています。

「空」という観察意識は眠り、封印され、人間側や肉体側の思考の癖が身についてしまっています。「これから私はどうなりますか?」「どうすればいいですか?」「私の人生はうまくいきますか?」という相談や質問が最も多いのもその現れです。そういう質問が生まれるのは「自分以外の誰か、あるいは、得体の知れないなにかが自分の人生をつくっている」と信じてしまっているからです。

この世の中に真実などは存在せず、秩序のない混乱しかないところだとか、怖いことがハプニングのように起こる場所だと信じてしまったからです。そんな危険なところへ勝手に産み落とされたと思い込んでしまったのです。自分にはいかなる選択の余地もないところへ、否応なく放り出されたように感じてしまったのです。つまりあなたのすべての混乱と恐怖は、あなた自身が人生を創造していることや、あなたの正体（「空」という創造し観察する意識）を忘れたことから生まれているに過ぎないのです。

原初あなたという「空」意識は、自分の内側にあるもの（情報）をすべて知りたい！という好奇心と夢を持ちました。そしてそのためのスペース（宇宙空間）を持ちました。時空間という立体スクリーンをつくりあげました。あなたはこの立体スクリーンの観察を始めていったのです。今回あなたという「空」の観客席は人間の肉体の中です。すべての波動、波紋を観察するため、つまり時空間の３Ｄスクリーンをのぞきこむ鑑賞装置として、高性能の肉体を開発しました。しかし立体スクリーンがあっても、そこに展開される波動のショータイムがどんなに多彩であっても、それらを**見て観察する「あなた」がいなければ、それらが現実となることはありません。**波動ショーを見る「あなた」が必要なのです。そしてどこまで進んでも、あなたが見るものは、あなたという「空」の内側に情報としてあったものばかりです。その情報、アイデアを選んで決意したのは、あなたなのです。あなたが内側に持っていないことを外側に体験することはないのですから。**ですから、あなたは「すべての情報」を持っていることを知っておいてください！**

もし今、あなたの目の前に展開されているショータイムが気に入らないのであれば、別の情報やアイデアを選択すればいいだけのことです。今、目の前で展開されているショータイムが楽しくないのであれば、願望や決意を変更すればいいのです。別のいい方をすると、オーダーを変えるということです。頭脳はオーダーを出し入れし、決意する内容を決めるためにあるのです。

そしてその願望達成の結果において感じるであろう喜びと祝福の気持ちを、あなたの全身で前もって先に感じれば、現実がとてもスムーズに起こります。テスト勉強のように嫌々やることはスムーズに進みませんが、喜びとともに行う好きなことは、楽々と結果が得られます。

その結果を得るために、お金などの手段はいっさい考える必要はありません。どんな手段で現実結果がやってくるかは、あなたの頭には想像不可能な宇宙の領域なのでお任せすればいいのです。ただひたすら「喜びと祝福」という生命力のバイブレーションを感じてください。

神社などで祝事を行って、そこから田植えをするという慣習もその意味からです。たわわに実る稲を先に祝い、その結果を喜んでから、その祝福のエネルギーのままで田植えをするのです。祝福と喜びのエネルギーでいっぱいになった肉体で行なう田植えは、当然、苗にまで伝播します。祝福と喜びのエネルギーでいっぱいになった「あなた」が行うことは、すべて繁栄の結果しか生みません。

本当のことをいうと、あなた自身はかつて一度も不幸だったことはないのです。不幸な波動を光につくらせたことはあるでしょう。

一度も悲しかったこともありません。悲しいバイブレーションを光につくらせたことはあります。

一度も不安だったこともありません。不安なエネルギーを光につくらせたことはあります。

一度も負けたこともありません。敗北感を光につくらせたことはあります。

一度も悪かったこともありません。罪悪感を光につくらせたことはあります。

一度も不健康であったことがありません。不健康な細胞にしてしまったことはあります。

一度も苦しかったこともありません。苦しい感情を光につくらせたことはあります。

なぜならあなたはすべてを光の粒子によってつくらせて、それらを見守る意識の側だからです。しつこいようですが、あなたは愛と喜びをもって観察する意識の側なのです。それをたった今から片時も忘れずにいてください。なにか興味が湧くことを「決意」し「その結果の観察を喜ぶ」のが、あなたであるのです。ぜひとも、あなたはあなたの肉体すべてで喜ぶことを決意してください。

第2章

肉体や思考、感情の正体

Chapter 2

肉体はパイプ

あなたという「空」がこの肉体をつくり出したのですが、ではその肉体そのものは一体なにをしているのでしょうか？　肉体はパイプか竹の筒のような通路で、いろいろな種類のバイブレーション（波動）を通過させるためのジャンクションの役割をしています。

あなたの肉体の中を、直感、インスピレーション、発想、暗号、思考、情報、感情などのさまざまな宇宙の波動バイブレーションが通過しているのです。思考も感情も直感も、本来は誰のものでもなく全員の共有財産です。肉体はパイプとして常にそれらを通過させながらまわりの肉体にも循環させているのです。

もともとたった一つの全体意識である「空」から、その外側へ放たれたものが光の粒子（情報たち）であり、それが各自の肉体の中を循環するのです。全員の共有財産であるさまざまなエネルギー波動が肉体の中を通過し、それらをあなたという意識が観察し、実感しているのです。ですから一つとして個人的なエゴの所有物はありません。一定の考え方や感情反応が自分のものだと信じていたかもしれませんが、それはそう錯覚しているだけなのです。

あなたの**最初の錯覚が「自分は肉体だ」「そして肉体は切り離されている」**ということであった

ために、肉体の中に浮上する考えは自分だけの思いだと勘違いしているのです。自分の頭が自ら考えをつくり出していると錯覚しているのです。ある思考や情報があなたの肉体の中を通過しているときに、あなたの意識がそこに気づき、それを拾いあげただけのことであり、そのキャッチした情報はあなたを中心としたあなた独自の時空間（宇宙）の中で現実化されるべく活用されていくのです。

このように肉体の中を多種多様な波動の情報というものが通り過ぎます。そしてある種の妙な波動が流れてきたとき、この波動のことを「不安・恐怖」というネーミングにしようと、だれかが決めたのです。以降そのような情報は「不安・恐怖」として決められてしまいました。つまり不安や恐怖は、単なるエネルギーの質のネーミングに過ぎないのです。単なるバイブレーションの違い、波動の違いでしかなく、良いも悪いもないのです。この現代においても、不安を感じるような情報がじつに多くの人の肉体を通過しており、そして多くの人がいとも簡単にその不安な情報を採用し続けています。もしかするとあなたもそうではないでしょうか？

社会がおかしい。不景気でお給料が減る。副業をしなければ生活ができない。犯罪が多い。政治が悪い。近所の付き合いが面倒。親の介護が苦痛。年々体が弱る。借金のために死ぬまで労働しなければいけない。好きなことをやる時間がない……。

これらのような不安な考えをあなたが少しでも正しいと信じて握りしめているなら、あなたは不安情報に洗脳されてしまっています。しかも**無意識にその情報に飲み込まれている**のです。あなたはこの不安な考えに基づいて、今後の人生へのあらゆる対策を練るのだと奮闘し、もうヘトヘトになっているのではないでしょうか？

かつて私自身も無意識の癖で、ネガティブな考えや不安思考にのめり込み、振り回され、それでも思考から離れられずにいたとき「全ての思考を虚空に捧げよ！」という、お叱りに近いメッセージを突然もらい、ハッと我に返ったことがあります。生産性も愛もなく、楽しくない考えばかりを延々と続けるなら、もう全部を「空」に戻して、現実化することをすべてやめてしまいなさい、という意味でした。

これらの不安情報もまた、本来は「空」という大いなるすべてから生み出されたことを思い出してください。あなたの肉体パイプを通過していく、情報の一つに過ぎないのです。あなたが採用しなければ、あなたを中心とした時空間に被害は及びません。本当の現実化は、あなたが心から興味が湧くから起こっているのです。ですから不安や恐怖が動機となった願いは叶えることができません。「先々が不安。なんとか投資で儲けよう」では叶わないのです。

もしそういった不安な考え（情報）が流れてきたとき「その瞬間」にあなたがしっかりと気づき、その内容を観察して分離できれば、あなたは不安情報の濁流に飲み込まれることはありません。気づき、眺め、観察している間はその考えと離れて、一体化していないという証拠です。あなたが「自分自身は観察する意識である」という事実を忘れてしまえば多くの情報と一体化され、振り回されてしまいます。ですので「あ！ 今こんな恐怖の思考が流れてきているのだな」と気づいてください。「どんな考えが横切っていくのかな？」と観察してください。あなたのハートが情熱を燃やせないような考えや情報は、スルーしてください。無理に拒絶したり、追い出そうとしなくても「ふーん、こんなものがあったんだ！」と見つめているだけで抜けていきます。そして逆に、あなたのハートがワクワクする考えや情報が通過して浮かんだら、それは採用して楽しんでください。あなたの肉体はパイプなのです。

思考は伝搬する

「思考」という肉眼で見えないものも波動です。そしてすべての思考はあなたのものではありません。あなたがなにかを考えていると思っていても「ある種の波動」があなたのところにやってきただけのことなのです。あなたがなにかを考えたのではなく、あなたの肉体の中を通路として通り過ぎようとした「思考の波動（情報の波）」をキャッチして感じとっただけなのです。思考という情報の波動は、一つの頭からまた別の違う頭へと飛び続けています。口に出して伝えなくても、思考は絶えずある肉体から別の肉体へと飛び交っています。ちょっとショックな話でしょうか？ あなたの「頭」が思考やアイデアをつくり出しているわけではないのです。あなたの脳は、入ってきた情報や暗号を解析し、言語化・映像化するだけなのです。誰かの肉体を通過してもたらされる思考や感情も、あなたにとってはまるで自分が考えているように思え、自分が感じているかのように錯覚してしまいます。あなたはそれらをキャッチし、しばらくの間、あるいはかなり長期間、その考えに執着してしまうことでしょう。そしてそれを正しいと信じ込んでしまっているかもしれません。

しかしすべての思考や感情は「もらいもの」で、しかも単なるプログラム、単なる概念の一つにすぎません。そのことを忘れ「これは自分の感情だ」とか「自分が考えた」と錯覚したとたん、それらに振り回されます。

すべての人の肉体を通過していく思考や感情は「もらい泣き」などの例に見られるように、アッという間に電波として各自に伝わっていきます。そして私たちの肉体は、ありとあらゆる全部の周波数を常に細胞レベルでキャッチしています。たとえ耳に聞こえなくても、見えなくても、匂わなくてもキャッチしているのです。

思考や感情は電波のように伝わり、バイブレーションをつくり出します。それぞれの思考や感情は波動として周囲の空間に広がり、別の肉体に届いたときに、その人の認識に影響を与えます。これがあなたが誰かと出会ったときに感じる不安や敵意、あるいは魅力の正体です。あなたが誰かのそばに近づいて、わけもなく怒りが湧くのはそのためです。相手の深い内面に、なんらかの怒りのエネルギーが隠れていて、それが相手の波動として放たれているからです。その相手もまた「これは自分の怒りだ」と信じ、しかもそれを握りしめて執着しているわけです。

空間から流れてくる思考の波を「自分の考え」と勘違いすることは日常的に起こっています。たとえば喫茶店などで「もう帰ろうかな」とふとあなたが思ったとき、違う席の人が同時に立ちあがった経験はありませんか？　人から人へ、肉体から肉体へ、周囲に思考の波は広がって伝搬しているのです。喫茶店の二人が同時に「帰ろう」という思考の流れをキャッチしたのです。

あなたがイライラし、しかもそれを無意識におさえ込んでいると周囲の人がキャッチします。赤ちゃんや動物は純粋なので、あなたのイライラを受け取って、むずかったり、機嫌が悪くなることでしょう。

思考も情報もアイデアも、ただの波動としてこの宇宙空間を流れているだけであり、誰のものでもありません。誰のものでもないのだから、その考えを採用しない場合は、ただ通過させればいいだけなのですが「これは自分が考えたのだ」と錯覚してしまうわけです。そして「こんなことを考えるなんて！」と自分を責めてみたり、時には「なんてすばらしいアイデアなのだろう！」と自画自賛してみたり、勝手に感情反応を起こすのです。

しかし、あなたの頭が考えたことではないのです。あなたの中を通りぬけようとした光情報（思考）を、頭が自動的に日本語になおして解析しただけなのです。ただ通過しようとした思考（光情報）を各自がつかまえ、ときに拒絶することで自分の中に抑え込まれた場合、逆にまわりに強くアピールすることになってしまいます。これがその人の雰囲気になるのです。

私の体験ですが、ある相談者さんが帰られて15分ほど経ってから、私の中に強烈な自己卑下の思いが湧きあがってきたことがありました。「ダメだ、私なんて！　たったこれぽっちのカウンセリング内容で、この金額をいただくなんて！」というような、胸が締めつけられて苦しくなるような思いが体中に広がりました。「ダメだ、私」という苦しい思いが最高潮になったとき「ん？これはいったい誰の思い？　本当に私のものなの？」と、ふと我に返りました。そして先ほどの相談者さんのエネルギーだということがわかってきたのです。その自己卑下のエネルギーは、彼女が支払ってくださったお札にしっかりとくっついて来ていたのです。そこで私はそのお札に愛と感謝を送り、その後、相談者さんにも無条件の愛を送っておきました。

こういった思考の波は本当に微細なため、物質から消え去るまでに何百万年もかかることがあるそうです。人が亡くなったあと、その物質的な肉体を火葬するのはこの理由もあるからです。

「我が思い」「私の感情」「私の信念」などというものは錯覚であり、自己の所有物ではありませんから、借りたいときには借りて、後は「ありがとう、さようなら」と離れてしまえばいいのです。好きではないものに執着しなくてもいいのです。人生において頭の思考をそこまで深刻に働かせなくても、必要な情報や考えは、必要なときにダイレクトに肉体からもらえるのです。頭のチェックと解釈を経由せずに直接もらえます。ですから楽しくない考えについつい振り回されてしまうことを、もうやめてはいかがでしょうか？

感情と「至福」は無関係

日々あなたの肉体を言葉や思考、想念が通過しています。そして、それがもとになって湧きあがる感情は、本当に単なる機械的反応です。ですから特にそれらに振り回される必要もありません。振り回されても悪いことではないのですが……。

この3次元に生き続ける限り、肉体の反応は私たちが死を迎えるときまで続きます。しかしそれらの感情反応と、あなたが至福である事実とはなにも関連がありません。もともと豊かな源泉である「あなた」は至福以外のなにものでもありません。豊かな至福の「空」である「あなた」と、感情反応はまったく別ものなのです。

気分が爽やかで気持ちがゆったりしていることと、あなたの「本質的至福」は関連がありません。あなたがうれしいと感じることや高揚感を味わうことと、あなたの「至福」は関連がありません。あなたがワクワクしたり安心したりすることと、あなたの「至福」は関連がありません。同様に、あなたが悲しいことと、あなたの「至福」も関連がありません。あなたが不安で恐怖を感じていることと、あなたの「至福」も関連がありません。あなたが嫉妬していることと、あなたの「至福」も関連がありません。感情という肉体反応（電気ショック）は、あなたが至福であるという事実とはまったく関係がありません。あなたという「空」は、最初から最後まで至福でしかないからです。それが事実だからです。それ以外の観点は不自然な「ゆがんだ見方」であるのです。

しかし、頭は洗脳されています。洗脳されていることすらわからないほど巧妙に洗脳されているのです。悲しい感情や不安感を感じているときは「自分は不幸だ！」とあたり前のように思い込まされています。淋しいとき、腹が立つとき、イライラするとき、落ち込むとき、屈辱を味わうとき、あなたは無意識に「自分は不幸だ！」という考えに直結させられています。この「自分は不幸だ！」という感覚は単なるデータ（プログラム）の一つに過ぎません。概念でしかありません。そして感情やフィーリングは、言葉（思考）によって起きる単なる肉体ショックであり、あなたが至福であるという事実はまったく揺らぎません。ですから感情反応によってあなたの至福を決めないでください。感情と言葉（思考）をつなげないでください。

こんなことがありました。ある朝目が覚めると、夢を見たことは覚えていたのですが、その中で告げられたことだけが妙に耳に残っていました。それは**「気分と言葉をわけろ」**というメッセージでした。目が覚めてしばらくしてから、また同じ内容がくり返して告げられたのです。

「気分と言葉をわけろ」ということ、これは先はどの「感情反応と至福は別だ」ということと同じです。私たちがなんとなく気分や体調がすぐれないとき、そのことと「言葉」は関係がないのでわけなさい、というメッセージだったのですが、本当にそう思います。あなたの体調や気分がすぐれないとき、それはただそれだけのことです。しかしそのような状況であなたは無意識に、あなたにまったく関連がないはずの「言葉」につながってしまうのです。そしてそのままその言葉を信じてしまうのです。体調がすぐれない。すると「最近体力が落ちたな」「なんだか夢と希望が持てないなあ」「なんだか人生がつまらないな」「このまま休んでいたいなあ」「これは何か良くないことかもしれない」そんな連想ゲームのようなことが勝手に起こってしまいます。これらは、あなたの体調や気分とは関係がなく、ただ無関連の「言葉」のデータにつながっているだけです。あなたの肉体細胞の中にとどめられていた古いデータ（情報）かもしれませんし、そのときに巡ってきた、誰かの思考かもしれません。

どうか感情や感覚と言葉をつなげないでください。その体調や気分になるたびに、その言葉（思考）があなたを縛り、必要以上に苦しさが強くなり長引かせてしまいます。気分と言葉（思考）が結びつき、そのパターンが活発過ぎるとき、あなたという「空」意識（観察意識）は眠っている状態です。つまり無意識になっています。すると苦しいまま、どうしていいのかわからなくなります。逆にあなたという「意識」がはっきりと目覚めていれば、気分と言葉（思考）をわけておくことができます。あなたは、言葉（思考）に振り回されません。このときあなたは、自然界、大宇宙、人生、存在そのものと一体化しているのです。そしてその自然なリズムと流れの中に安心して身をゆだねることができていくのです。

中心が定まって、観察する意識、自覚意識だけになっていれば、あなたは本来の至福そのものを実感しやすくなるのです。

オーラの第一層……エーテル体

オーラは大きくわけて7層ありますが、ここでは肉体に最も近い第1層のエーテル体についてお話していきます。

このエーテル体は、あなたがはっきりと想像したことやイメージしたことをそのままの形態に保って肉体へ伝えてくれる働きをします。楽しんでイメージできる人や、無邪気な心でイメージできる人は、このエーテル体を上手に使っている人といえます。エーテル体はあらゆる波動の受け手であり、同時にそれを発信して伝達するシステムを担っているのです。たとえば、あなたの中に感情反応が起きた場合、肉体が震えたり脈拍や呼吸が変化したりします。オーラの2層目である感情ボディが波打つことによって、エーテル体に感情バイブレーションが送り込まれ、肉体の内分泌系や神経系に影響を与えるからです。このようにエーテル体は思考や感情という見えない波動と、見える物理的なものとをつなぐ働きをしています。

エーテル体は「半物質」であることから、意識と物質の架け橋の役目をしているのです。つまりあなたが描いてイメージしたことが、そのまま物理的な現実になるよう、架け橋の役目をしてくれています。たとえばあなたがお店を経営したいと思っていた場合「いつかそうなるといいなあ」と思うだけなら、いつまでたっても現実にはなりません。頭の中の思考だけで終わってしまうのです。そんなときにエーテル体を使ってください。あなたの肉体に重なるようにして、ほぼ同じ大きさで存在しているエーテル体に向けて、明確な「型」を与えるのです。それはイメージするということです。あなたのイメージどおりにエーテル体は変形します。

たとえば、あなたが、お店の経営者であるとしたら「こんな感じの経営者になっていたい」と思える理想の人物を探して、その人物をまるごと自分の肉体に入れてしまうイメージ方法でもかまいません。表面的には今までのあなたの身体に見えても、オーラの第1層（エーテル体）がその理想の人物になったようにイメージしてください。そして充分に感じてみてください。感じることでエーテル体は、そのフィーリングを強く肉体に充電してくれます。

特に理想の人物が思いあたらない、あるいは自分以外の人の姿では嫌だと感じるなら、あなた自身が理想とする経営者になった姿や気分を、自分の中に思い描いて感じてください。いずれにせよ今の状況のあなたとは完全に決別です。慣れ親しんだ人格、性格、雰囲気にお別れなのです。お別れとはいうものの、それを消滅させるわけではありません。古い自分に重ね着するような感じで、理想の自分をまとってください。古い人格を休ませ、新しい自分、つまり上にまとった新しい人格に意識を向け、そのイメージをふくらませてください。そこにあなたの意識を向けて強化してください。「その人ならどう歩く？　どういう表情でいることが多い？　どういう判断を下す？　どういう雰囲気をかもし出す？　どんなふうに社会貢献をする？　どんな仕事のヴィジョン？　どのように金銭を循環させる？　どんなハートの持ち主？」など、自由に楽しくイメージをふくらませ、最高の理想形に仕上げてください。

イメージをリアルに実感するということは、エーテル体を強く形成することになり、そのエーテル体のままの「あなた」が物理的に出現しやすくなります。慣れ親しんだ昔からの古い自分に執着してばかりでは、せっかくの理想的な新しい人格をイメージすることも感じることもできず、その当然の結果としていつまでも夢が叶わないのです。

恐怖感

あなたは長い間、無意識レベルで自分を肉体だと信じてきました。その信念のせいで、多くの恐怖感を感じてきたはずです。あなたが今まで知らなかった新しいことに挑戦しようとするときも多かれ少なかれ恐怖を感じてきたのではないでしょうか。たまたま情熱が勝てば前進できたし、強い恐怖感に負けて体験できずにあきらめたこともあったはずです。恐怖感、それは「自分は肉体存在であり、他と切り離されている」という錯覚から生まれた感情反応です。

思い出して下さい！　あなたは肉体の側ではありません。しかも肉体でさえ本当は他のすべてとつながっています。あなたという「空」は「体験していないことを体験し、知らないことをすべて知りたい」という動機から宇宙やあらゆるものを創造したのでしたね。ということは「空」にとってはまったく知らない未知のことを観察し、体験することが一番の喜びであり、感動だったはずです。あなたは肉体にプログラムを入力する側であり、肉体が引き寄せた体験や感情反応を観察する側であることを思い出せば、もう恐怖感を感じる必要はないわけです。

恐怖感の中でも最も強い恐怖は「生存への恐怖（死への恐れ）」ではないでしょうか？　その証拠に、ほとんどの人が恐怖を紛らわせ、安心を得るためにあらゆる対策を練っています。保険をかける、貯金をする、なるべくお金持ちや財産（知的財産も含む）の多い人と縁を結ぶ、あるいは利用価値のある友人を選ぶ、といったことに力を注いでいます。しかし恐怖という感覚の「本当の役割」を知れば、あなたは今後恐怖感の大切さがわかり、自ら積極的に恐怖感をみつけようとさえするでしょう。

肉体が恐怖感という信号で教えてくれること、それは「あなたの中には恐怖でコントロールされた信念プログラムがありますよ」という合図です。怖いという感覚を生みだす原因のプログラムを見つけてください。この恐怖感というシグナルを無視すれば、洗脳プログラムに気づくことができずコントロールされたまま人生を歩むことになります。

あなたの遺伝子の中には、先祖代々からの膨大な記憶情報も入っています。私たちは肉体の中に、先祖全員からの恐怖（欠乏と不足への恐怖）をデータとして受け継いでいます。同じ恐怖を人生において再現するかたちで感情体験させられていくわけです。そのことに気づいてデータを解除してあげることは、子孫への役目でもあるのです。

先祖代々の人間が理解する「豊かさ」とは、より多くを所有することでした。所有こそ豊かさだと洗脳されてきました。そして先ほど書いたように、洗脳のベースには必ず「恐怖感覚」があります。多くの人は、恐怖感覚を感じることが怖いため、なるべく逆の安心感でごまかすために「より多くの所有」を望んできたのです。しかしどれだけ多く所有しても、逆に恐怖感は増します。なぜなら**より多くを失うという恐怖感**も一緒に生まれ、ついてまわるからです。そしてさらにその新たな恐怖から逃れるために、もっとまわりと競争しながら、さらなる所有に突っ走るという悪循環にのまれていくのです。

このように恐怖感から逃げてばかりいると、いつまでたっても洗脳データに気づけません。いつまでも「失くすかもしれない！」「まだまだ足りない！」と信じ続け、どこまでも所有することだけに人生を費やしてしまいます。

足りないから不安、もっと足りなくなったら困る、とにかく不安を感じたくない、というような感情にまずは気づき、その恐怖感の根元にある「思考プログラム（信念）」に意識を向けてほしいのです。決して「うるさい！」と拒絶したり、無視をしたりしないでください。そのビクビクしている部分に気づいてあげるのです。何をビクビクしているのか、どんなプログラムによって恐怖反応しているのかに気づいてあげてください。

これまであなたは恐怖感から逃げるために物やお金や人などを集めてきました。でも恐怖感は消えません。なぜなら「このままでは足りない。充分ではない！」と信じたままだからです。表面的にごまかす方法で抑圧しても、不足と欠乏への恐怖は消えないのです。それはもっと深い内側に入力されているからです。

外からの対処でなにを与えても無駄なのです。すべては内側で「欠乏や喪失」を信じているままなのですから。その深い恐怖や不安を見ないようにして逃げ回ることは無意味なのです。真摯に向かい合い、その恐怖感の根っこにある「信念プログラム」に気づいてあげてください。そしてあなたの中の深い恐怖感に「祝福」を与えてあげてください。どういうことかといいますと、その恐怖感に向かって「喜びの実感」を送りこむのです。「喜びの呼吸」を送りこむのです。できれば、その呼吸は丹田から送ってください。**心からの喜びの実感、喜びの呼吸を充電すれば、信念プログラムも恐怖感も溶けていきます。**この「喜びの呼吸」を送りこむことは、恐怖感以外のマイナスの感情にも効果的です。

本当の豊かさとは、頭が信じているような「恐怖を隠すための所有」のことではなく「創造する喜び」のことです。それは自分自身こそが現実のすべてをつくっている張本人だと深く納得することから生まれる感覚です。恐怖が土台となって、物を所有し続けることが豊かなのではありません。すべてが自分のオーダー（意図・発令）によっていつでも現実化できるという、その創造魔法への喜びが豊かさなのです！　あらゆる創造ができること、どんなことも常に自分がオーダーできて、いつでも結果を受け取れるということに対する喜びを感じてください。具現化したものがほしいというより、私たちは具現化ができる自分の豊かさを知りたいのです。

自分が「空」という源であり、万物の命の親であり、宇宙の中心であることを知っていることが豊かさなのです。

カルマ？

カルマについて、あなたは理解しているでしょうか？　なんとなく罰を受けるようなイメージや「やった」から「やり返される」という、因果応報というニュアンスで理解していないでしょうか？

これは違います。前世で殺人を犯した人が、今世で殺されなければいけないという決まりはありません。本人が潜在意識で「自分は殺されるべきだ」と決めないかぎりは、そんなことはありえません。

殺されてしまう理由には二種類あります。自分を嫌いで自己否定した結果、その思い通りに殺されてしまう場合と、深いスピリチュアルな意味を理解したうえで、あえて殺される役割を担う場合です。カルマとは短絡的に「やったら次は必ずやり返される」という罰のようなものではありません。

私にとってカルマとは「愛と祝福の課題」というニュアンスのように感じられます。あなたが自分の人生において今まで祝福できなかったものや、受け入れられなかったもの、愛せなかったものが「課題（テーマ）」となるのです。ですから罰ではありません。愛せなかった考え、愛せなかった感情、愛せなかった振る舞い、愛せなかった状況、愛せなかった他者、愛せなかった多次元の生命体たち、愛せなかった病、愛せなかった労働……。その愛せなかったすべて、お祝いできなかったすべてを受け入れて認めるまで、カルマとなっていくのです。

この世の「あらゆるすべて」が例外なくあなたの内側から創造されたものです。ですからなにかを拒絶したら、それがカルマとなるのです。課題です。愛し祝福するというテーマがそこにあるのです。あなたがすべてを平等に受け入れるまでカルマとなるのです。

しかしあなたはなぜ拒絶してしまったのでしょうか？　それはそうするようにと教えられたからではないでしょうか。誰かからこの世には「良きもの」と「悪しきもの」があると教わったからです。拒絶したものは、より反発力が強まって戻ってくるだけです。すべてがあなたの内側にあったものばかりなのです。

あなたは今、一体なにを拒絶していますか？　それとも拒絶していることにさえ気づかないように見過ごしていますか？

もしあなたが今の仕事が嫌いなら、嫌いでＯＫ！　しかしあなたが嫌いでも、仕事に罪はないのです。その仕事自体を拒絶する必要はないのです。それは仕事を選んでいる自分自身を否定することになり、同じ仕事仲間を否定することにもなります。ですからただ普通に、その仕事がこの世に存在していいのだということを認めてあげてください。ただ「そういう仕事」があるだけのことなのです。

もしあなたが誰かを嫌いなら、嫌いでＯＫ！　しかしあなたが嫌いでも、その人と縁があるという事実や、その人自体の存在を拒絶する必要はないのです。嫌いでもいいから、その人が存在することをただ認めてください。ただ「そういう人」がいるだけのことなのです。

もしあなたが何かの感情を嫌いなら、嫌いでＯＫ！　しかしあなたが嫌いでも、その感情が出てきているのだから、それ自体を拒絶する必要はないのです。その感情を生みだす考え方まで嫌っているかもしれません。その考え方は良くないとか、その感情を持ってはいけないとか教わってきたかもしれません。だからといって拒絶しないでください。ただ「そういう考え」があるだけのことなのです。ただ「そういう感情」があるだけのことなのです。

もしあなたが、今現在のなにかが嫌いなら、嫌いでＯＫ！　今や現状が嫌いでもいいのです。しかし拒絶する必要もないのです。宇宙の愛と祝福の摂理において、すべての状況は存在価値があるから存在しているのです。その現状をあなたが嫌いであるという事実と、その現状が存在すべきではないという個人的な考えは、関係がありません。ただ「そうである」だけの現状を、できる範囲で構わないので存在していいのだと認めてあげてください。嫌いなままでいいので「そうあるだけ」の現状を受け入れてみてください。

呪（しゅ）

私の過去世のデータの一つに、陰陽師（おんみょうじ）という役割をしていた時代があります。山伏に近い修行もしていたような気がします。そんなご縁が理由なのか、私が現在住んでいる池下の町のちょっと向こうに、有名な陰陽師「阿倍清明」を祀った清明神社があります。清明は池下のあたりでマムシ退治も行っていました。私の実家の福井県は、清明に関係する「土御門（つちみかど）一門」があります。

そのせいか陰陽師が使う専門用語が大好きで、しっくりくるのです。その一つに「呪（しゅ）」という言葉があります。「のろい」とは読みません。狂言師の野村萬斎さん主演の『陰陽師』という映画の冒頭シーンで、野村萬斎さん演じる阿倍清明が親友に語ります。「呪（しゅ）なのだよ」と。「え？　呪（しゅ）ってなんだ？」と親友が聞きます。「呪とは名前のことだ。つまり縛りのことだ。阿倍清明という名前は呪だ。お前の名前も呪だ。それによって縛りを受けるのだよ」

その説明は、観ていた私の体にズシッと響きました。呪とは、いいかえればレッテル、固有名詞、観念、分析、決めつけ、判断、固めるもの、などのことでしょう。本来中立であるはずの状態や、物、人に対してある種の決めつけをすることです。制限を与え、限界を与えること。それが「呪（しゅ）をかける」ということなのです。その意味で、すべての言葉や言語は呪です。それが転じて「呪詛・のろいをかける」という応用になったのだと思われます。あなたを最も不自由にするのも、最も自由にするのも、言葉という呪なのです。

より高次のエネルギーになればなるほど、すべては固まっていません。自由なのです。なんでもOKというエネルギーなのです。いかなる縛りもないのです。呪（しゅ）がなく、名前もなく、固有名詞もないのです。スピリチュアルな仕事の方が「〇〇天使からメッセージをもらう」とか「〇〇女神とつながる」とおっしゃるのをよく耳にしますが、なんらかの名前がついた存在に限定すればするほど、狭い情報しか受け取ることができません。間違ってはいないでしょうが、限定されています。ですから提案です。「〇〇についてサポートがほしいので、どなたかよろしくお願いします！」と頼む方法にされてみてはいかがでしょうか？

ただしどこまでいっても、今ここにいる自分自身が主人公です。あらゆる情報は間違いではありませんが、ゆがんで受け取ることも、恐怖というエネルギーの呪がかかっていることもあります。自分自身の体の全身が「そう!!」とピッタリ感じられるものを選択してください。あるいは「違った見方はないのか？」と尋ねなおしてみてください。

どんな言語もすべては呪です。あなたという存在を縛り、制限し、限定するものです。私たちは、この言語や言葉を超えた、新たな領域へ行こうとしています。私たちは、あらゆるすべての「呪」を内包した「空」であり、なにか特定の言語に限定される存在ではないのです。あなたの思考も、あなたの感情も、フィーリングも、すべては言語によって構築されており、その言葉にとらわれるほど、あなたは制限され、細分化され、分離されてしまいます。言葉という呪、これは人類が持っている最も深い限界であり、妥協なのです。言葉という呪によってコントロールされた現実社会は、限界と妥協の世界です。あなたは、その呪の外に出ることができます。言語と思考と言葉の外に出ることができます。しかしそれは、あなたの自由意思です。言葉の中に存在していたければ、それはそれで構わないのです。悪いことでもなんでもありません。

言葉を超え、思考を超え、定義を超えた世界へと、時代は今まさに移行中です。
それはもともとの私たちの「空」の状態へと移行しているということです。

「空」はなに一つ定義を持たない領域です。
エネルギーが特定できない中立な状態です。
なににも片寄らず、どこからもフリーな状態です。
特定の構造のない状態です。

それがあなたという、すべてを持った「空」意識です。
あなたを決めつける特定の言葉は一切ありません。
あなたを定義する呪はなに一つありません。
あなたは「すべて」であるからです。

そして私たちは全員が「空」なのです。

ある日、銀行に行ってから買い物に行こうと考えていたら「ん!? 銀行? いったい誰のお金?」というような質問とメッセージが、流れ込むように私の中へ降りてきました。しばらくすると「自分の貯金という表現も呪（しゅ）だ。それは必然的に、『自分以外の人の貯金』という分離の呪（しゅ）をかけることになる」といわれたのです。

どんなにお金持ちでも、世界中の人たち全員の貯金の合計には勝てません。自他という呪（しゅ）をかけないで「すべてのお金はすべての人の貯金」という呪をかけてみてはいかがでしょう? ひとりひとりが全体の貯金から借りているだけ、ということなのです。

あなたが肉体をプログラミングしている!

今もまだ流行している**「癒し」**という言葉は、残念ながら少しポイントがずれて使われてしまっています。社会における一般的な「癒し」のイメージや、あなたにとっての「癒し」の意味は「安心する」とか「病を治す」とか「リラックスして気持ち良くなる」ことだと思っていらっしゃるのではないでしょうか? しかしこれら以上にもっと大事な、根本的な意味があるのです。それはあなた自身の大いなる可能性の自由をはばみ、制限し、不自由な状況をもたらしている**思考のプログラムをすべてほどく**という意味です。これが最も重要な癒しであり、あなたを一番ダイナミックに変化させてくれる癒しなのです。

あなたという人格をつくる要素や、あらゆるものへの解釈をすべていったん消去して、制限や限界の壁を外してしまうことです。あなたは普段自分が思ったり、考えたりすることにまったく疑いを持ちません。そこに疑いを持たないため「なんでこんな苦しいめに遭うの？」という疑問だけが湧くのです。

なぜ苦しい感情が湧くのでしょうか？　それはあなたの中に、**苦しくなるような一定の思いや考え**があり、それによって苦しいパターンの現実しかつくり出せず、結果的に苦しい感情が湧いているからなのです。従ってこの苦しい感情が湧くような現実をつくり出す思考のプログラムを見つけて外すことが、あなたに最大の癒しをもたらします。

では、どうすれば思考のプログラムや考え方を外すことができるのでしょうか？　それは本当にカンタンでシンプルです！　ただそのプログラムや考え方が「空」の中にあった**機械的な概念**でしかないことを理解し、あなたが自らその概念を選んで、信じて、活性化したのだという事実を理解し、それら一連の創造行為を祝福するだけでいいのです。あなたという「空」が、一度は肉体を通して体験してみたかっただけなのです。ですから否定せずに「よくこの体験をしてくれたね」と肉体に感謝と祝福をして、プログラムにも感謝してください。

あなたは無意識のうちに、信念や思い込みという思考のプログラムによって、今までの自分の人生をつくってきました。自分の肉体にプログラミングしてしまった特定の情報だけを信じてしまったのです。あるいは、あなたが盲目的に尊敬し、憧れた人の言葉を丸のみにして、それしか信じないようになってしまったのです。その無意識の信念を見つけるためにも、あなたはとにかく「日々、思考と感情を観察する！」と決意してください。そうすると決めて、自分の中に浮上する**感情や思考の全てを意識的に観察**してください。感情の根元には、必ずプログラムがあります。もちろん日々リラックスしていないと観察はできません。深刻にならず、真面目に取り組み過ぎず、余裕をもって観察してください。観察のコツは、あなたの中に訪れる思考や感情に対して、人の話しを聞くように耳を傾けることです。もともと思考はあなたの所有物ではありません。他人の話として客観的に耳を傾けてください。

思考観察こそが本当の瞑想のことです。これが座禅の本当の目的です。

あなたの頭は、プログラムされている今までの内容だけを盲目的にあたり前だと信じています。そこにのめり込んでいるので、プログラムをまったく疑いません。これは「お酒に酔うこと」と似ています。仕事に酔う人、お金に酔う人、地位・名誉・財産に酔う人、異性に酔う人、ある学説・論理・哲学に酔う人、神仏や幽霊や天使に酔う人など、さまざまな酔いがあります。酔ってのめり込むと、さらにとらわれ過ぎていくのです。がんばって努力する人ほど酔いやすい傾向があります。

酔うと気持ちがいいことでしょう。しかし酔わない気持ちよさを知らないだけなのです。酔うと身体の感性が鈍りますが、覚醒して観察し、気づいていると感性が冴えてくるのです。肉体の感性が冴えると、もともと身体が持っている喜びや幸せ感が勝手に湧きだしてくるのです。

私たちは「お互いは切り離されている」という錯覚を根底に持っているので、常に誰かとの関係において利害のための駆け引きを無意識に行っています。「あの人のおかげ」とか「あの人のせいで」とか、そういう評価も利害関係の思考プログラムから発生しています。あの人のおかげでもないし、あの人のせいでもありません。**すべてはあなたのプログラム**（固定観念）に基づいてあなた自身が創造した現実です。

頭の固定観念が外れるほど、身体本来の生命力が持っている喜びの感性が増し、身体の電磁場（気のフィールド）がパワフルになり、あなたという「空」の意図や願望をすべて**パーフェクトに引き寄せて**くれるのです。思考や観念やプログラムは、単なる「物」にすぎません。情報やデータは「物」に過ぎないということです。それらはただの「物」なのです。しかし「物」にも敬意をはらってください。そのプログラム内容でしかできない体験をさせてもらえたのですから。あなたが信じて許可しなければ、あなたが意図して決意しなければ、思考という「物」自体は、自力で何も生み出せないのだということをあなたは理解すべきです。

不要になった「物」は、いつでも捨てることができます。今のあなたには、まだ捨てることができないかもしれません。なぜなら、その思考が「存在している」ことにすら、気づいていないかもしれないからです。「物」に気づいていなければ、捕らえることも捨てることもできません。あるいは「自分が考えている！」と錯覚し、そこに膨大なエネルギーを注いできたために、捨てることができないのかもしれません。「我が思い」「我が欲求」として独占所有し、執着してしまったのです。

まず気づくことから始めてください。単なる「物」に執着していないかどうかを。どんな思考や考え方を握りしめているかは、あなたの感情から見つけることができます。腹が立つときは、腹が立つような考えを握りしめているし、悲しいときは悲しい考えを、不安なときは不安になる考えを握っているのです。それらを見つけ、気づいたとき、それらと**闘うのは無意味です。逃げるのはもっと無意味です。**逃げもせず闘いもせず、ただ気づくのです。気づきを繰り返すことで、あなたはもっと気づくようになっていきます。気づいて、それを祝福すればいいだけです。それが捨てるということです。あなたによって祝福された考えやプログラムや感情は、カンタンにほどけて解除されていきます。心から祝福し、愛してあげてください！

第3章

願望を実現させるために理解すべきこと

Chapter 3

豊かさとお金

お金はとてもスピリチュアルで神聖なエネルギーとして働きます。お金は祝福された「いのち」そのものなのです。

ちょっとしたエピソードを紹介しましょう。ある男性が高級車のロールスロイスをどうしてもほしいと思ったので、まず彼は自分自身がそれを持つことを許可し、その車を持つ価値が自分にあることを認め、自分の中にある内面的実感としての豊かなフィーリングをできるだけ感じていきました。彼は知っていたのです。**小宇宙（肉体の中）のバイブレーションが、外宇宙へにじみ出て現実になる**ということを。つまり自分自身で前もって感じるフィーリングが、彼の望む現実や体験が引き寄せやすくなることを知っていたのです。そんなある日、彼は「ロールスロイス無料」という広告を見つけ、広告主の電話番号に思いきって電話をしました。「無料で提供できますので、こちらまでお越しください」といわれ、彼は半信半疑でしたが、その住所まで出かけていきました。その住所の大邸宅には主人らしき女性がいて、本当に車の権利書とキーをくれました。ガレージには高級車が6台あり、その中のロールスロイスの権利書でした。「どうしてこの車を手放すことにしたのですか？」と彼が尋ねると、彼女の夫がロールスロイスのワックスがけをしている最中に心臓発作を起こして亡くなったため、そのことを思い出させる車を一刻も早く手放したかったのだと女性は答えたそうです。

彼は本当に高級車を手にしました。しかし同時に彼の中から罪悪感も湧きました。「こんなにカンタンに楽に夢を叶えていいのだろうか？」という恐れの気持ちです。

このようにお金やなにかを手にするプロセスには、自分にはそれに見合う価値があるのか、という不安や恐怖感、うしろめたさや罪悪感などが浮上することが多々あります。恐怖や罪悪感は、本人が握りしめた信念（プログラム）に基づいて浮上します。その信念が作動するとき、恐怖や罪悪感が浮かぶのです。

自分の願いを叶えるとき、いろいろな学びが浮上します。それに直面する覚悟があるかどうかが、望むものを手にするための大切な分岐点です。しっかりとそこに向き合う勇気があるかどうかです。この覚悟をすることを専門用語でコミットするといいます。

宝くじで大金を手にした人は、それだけのお金に心理的に対処するだけのコミットが準備できていないことが多いようです。その場合、あっという間にお金を使い果たすか、あるいは恐怖で一切使うことができずに、結果何も手に入れていないときと同じ状況でとどまることになります。

私自身も若いときから長年にわたって、階段しかない古くて安いアパートの5階に住んでいました。しかし心の中ではいつも「もっとお客さまにすてきな部屋を提供したい！」と思っていました。自分だけならどこに住んでもいいけれど、せめて来てくださる方には、もっと気持ちよく安らげる空間を用意できたらいいなあと思っていたのです。しかし、それは私の頭の表面的な思考の段階であって、心からの強い決意にまでは至っていないことに自分でも気づいていませんでした。ある日、知人の女性が私に「自分の願いに対して、受け取る許可が低いよ。もっともっと自分に受け取らせてあげる許可をしないと」と、言ったのです。その一言で「そうだ！　本当にそのとおりだ。全然本気で許可していなかった」ということに気づき、その瞬間に「絶対にあの新築のマンションに住む許可を降ろす！　その部屋を受け取る！」と決めたのです。

その直後、自分の心の内側から浮上したものに、心底驚きました。「おまえごときが！」「何様のつもりだ！」「そんな部屋代、払い続けられるわけがない！」「あんなマンションに住む人たちは、鼻もちならない連中にちがいない」「こころが美しければ、外観は清貧でいいじゃないか」というような、多くの感情が出てきたのです。こころの深い奥底でこんなことを信念として持っていたことに私は本当に驚きました。表面的に「いいなあ、手に入れたいなあ」と、ただ憧れていただけで、自分に本気で許可していなかったのです。それに気づくことができたらしめたもの。あとはもうその考えをやめると決めればいいだけです。自分への許可レベルを上げて、豊かさをもっと受け入れ、エネルギーに対して自分を大きく開くとき、今まで気づかなかった無意識の層から、豊かさを許可できなかった多くの考え方が浮上してきます。今まで見ていなかったものが表面に浮上してきます。浮上したらその考え方を拒絶せず抑圧せずに、ただ認めます。ひとつの考え方としてただ認めたうえで「その考えは今回採用しない」と決めるだけです。拒絶したり抑圧したりすれば、また、細胞の奥に入りこんで、無意識層に追いやられていくだけです。そしてその無意識層で猛威をふるうだけです。

望むだけのお金や物質的なものを自分の現実に創造するには「許可する」というステップが欠かせません。そしてその**許可の気持ちを持続させ、喜び続ける持久力**も大切です。

私個人の場合は、マンションへの引っ越しを許可してから本当に不思議な流れがやってきました。なぜか仕事が急に増え、お金に一番固いと思っていた知人が「入居費用の半分を出してあげる」とまでいってくれるなど、奇蹟的なことが立て続けに起こったのです。今までなら「なにか魂胆があるのかも」とか「うまい話には裏がある」といったような考えにとらわれていたかもしれません。しかしそんな考えを握っているから、そんなめに遭うのだということが本当にわかってきていたので、入居費用の半分を気持ちよく受け取る許可をおろしました。

お金や豊かな状況は、あなたが自分自身を無条件に愛する許可をしたときに、その副産物としてあなたのところへやってきます。あなたがあなた自身を満たしてあげてもいいという許可を自分にたっぷりと与えたときにやってくるのです。**願ったものを、望んだ形で、自分に与えてよい**という許可をおろしたときにやってくるのです。ですからあなたが大きくお金を使う意図がなければ、大きく入ることもありません。純粋に自分が喜ぶことに楽しく使う！　と決意するから巡ってくるのです。

お金を得るために、いろいろと苦労しなくてはならないとか、死ぬほど働かなくてはいけないとか、そういうプログラムをいったんあなたの頭から外してみてはいかがでしょうか？　シンプルに「お金を循環させたい」と望んでみてはいかがでしょうか？　どんな理由があろうとも、もしあなたが今まで貧困であったのなら、それは心の深い部分で、あなたがお金を手にする許可をおろしていなかったからなのです。そこに気づいてそれをすなおに認めてあげてください。

過去世・未来世・多次元のチャネリング

チャネリングとはチャンネルを合わせるということで、いろいろな情報に意識をフォーカスさせ一般常識などの狭い領域以外の情報をキャッチすることです。私も長い間、透視やチャネリングを仕事とさせていただきながら、意識の拡大を体験させてもらえたことに、本当に喜びを感じています。ただチャネリングも、透視リーディングも「決定事項」という意味ではありません。より多角的に情報（データ）につながるということでしかありません。どの情報（データ）も、最後はあなたがハートで選択し、決めることなのです。

この宇宙空間は物理次元だけではなく、さまざまな波動や次元で成り立っています。波動の違うすべてが重なるようにして、この立体空間に存在しているのです。その中のどれにチャンネルを合わせるのかが、チャネリングであり、透視です。「この場所にはなんとなく重い空気が漂っているなあ」「あの人、なんだかおかしいよ」という感覚もチャネリングの一種です。宇宙のあらゆる情報（波動）とつながっていることに「気づくこと」によって、チャネリングは誰でもできているのです。人類全員がすべての次元とつながっていて、そこに気づいているかどうかの相違があるだけなのです。気づきの能力が高い人を名実ともにチャネラーと呼びます。

今まで存在してきた過去、今もなお存在している現在、あるいはこれからやってくるであろう未来のあらゆる情報（データ）は、すべてがこの瞬間に同時に存在しています。単なるデータとして存在しているのです。今、あなたが自分自身だと思って体験している部分は、あなたにとって一番はっきりと感じる部分であり、あなたという「空」意識が一番フォーカスして観察している部分だということです。

鏡に囲まれているように、あらゆる次元が今のあなたの物理的世界を取り囲み存在しています。あなたの過去も、本当は昔のことになったわけではなく、別の次元のデータとして同時に存在しています。今回の人生の子供時代の記憶も、まだあなたの中に存在し、現在のあなたに影響を与えています。あなたの一つの側面として、今この瞬間に、まだリアルに生きているエネルギーなのです。

それと同様に前世、過去世というものも「頭」にとっては過去のように見えるから、そのように表現しているだけであり、実際は今のあなたの経験を取り囲んで同時に存在しているデータです。データは時間の枠を超えて存在していますから、あなたがフォーカスすれば簡単にそのデータにつながります。また同じように、あなたの未来に対する想像も、そのデータにつながったからであり、まるで湧いてきたように感じるだけです。無数にあるデータの中から、あなたにとって最も適切なものを未来の可能性として選んで、文字どおり引き寄せてこの物理次元で経験します。あなたが未来についての「想像しうるかぎりの可能性のすべて」について少し意識を向けただけでも、そのデータ（情報）とつながります。すべてのデータが一斉に同時に存在していることは事実ですが、それが今のあなたのところに物理的に全部がいっぺんに届いてしまったら、あなたの体験は混乱してしまいます。ですからそのために、順番プロセスとして「時間」というものが創造されたのです。

あなたの意識が向くところにはたくさんのデータがあります。あなたの人生にとって望ましくない未来の可能性を感じとったとき、その可能性のデータ（情報）を拒絶せず、単なる可能性のひとつとして認めればいいだけです。あなたが、その未来や過去の情報（記憶）について「良いことだ」とか「悪いことだ」という批判をやめたときに、中立な愛の目線（無条件の愛）になることができます。そのときあなたにとってとても適切な情報（データ）を意識的に選ぶことができていきます。

あなたがあらゆる批判も判断も手放し、すべてはただ「いのちの表現」であると理解するとき、あなたは完全なる神として、空（くう）として、適切な最愛のものを選択できるようになります。

あなたがプロのセラピストから過去世療法を受けるときであれ、未来の透視リーディングを受けるときであれ、あなたとセラピストの両方ともが「データ」につながっているだけのことなのです。そしてそのデータは、あなたの人生の「決定事項」ではありません。あなたが好きなものを選べばよいのです。プロの能力をうまく活用して、ハートに響くものをあなたが選べばよいのです。「良い」「悪い」という判断が少ない人ほど、適切で全体的な提案ができるプロのチャネラーといえます。あなたの「今」がどんなふうに見えても思えても、その状況自体はなにも悪くないし、間違ってもいません。否定的でもないし、肯定的ともいえません。ただ、そうである状況なだけです。そして、それは必ず過ぎ去っていく観劇ショータイムです。ショータイムは永遠に続いていきます。

あなたにもう一つ理解していただきたいことがあります。今が悪い状況だから「より良い未来」にするという発想をやめてほしいということです。「今」を良くないものと決めつけて、否定することをやめてみてください。「ただそうである」一つの状態を、もうあなたはつくってしまったのです。あなたがなんらかの考えやプログラムを信じて、そのままの現実をつくっただけなのです。ただ体験しただけなのです。今その状況は充分に完全であり、その状態から単に別の違った状況の体験の場を開くだけのことです。より良い現実というものはなく、ただ、別のほしい現実に移行するだけなのです。あなたがつくった今この瞬間の状況に、あなたが「良い」「悪い」というレッテルを貼ってしまったら、あなたは自らが行なったその批判によって傷つくだけです。あなたがいつかどこかでつくった完全なる現実は、頭が判断する「完全」とは意味が違います。

頭は「良い」「悪い」という判断をもとにした「良い」状態を「完全」なことだと信じこんでおり、一方的に片寄った見方の「完全」でしかありません。

今の心地悪い状況を、あなたは大好きになるべきだといっているのではありません。ただその状況を自分自身がつくったものだという事実をいったん受け入れるだけでよいのです。世界中で起こっている飢餓や戦争や暴力を好きになれといっているのではありません。好きにならなくてもいつかどこかで、あなたが思いめぐらし想像したことによって、あなたも創造の片棒をかついだのだという事実を受け入れたとき、あなたは「空」「神」「愛」という最高にパワフルな状態になっていきます。あなたがつくったものしか、あなたは変えられないからです。

願望実現の鍵

「思考が現実化する」という言葉をよく耳にされたことがあると思いますが、これは適切な表現とはいえません。ただ表面的になにかを思考することや、頭の中に浮かぶ言葉や想念自体が現実をつくるわけではなく、あなたの「決意（受け取る意思）」と「オーダー（発注）」によってつくられるのです。パソコンでたとえるなら、あれこれ考えて思いめぐらすうちは「検索中」であり、決意は「クリック」です。クリックしなければあなたの宇宙にほしい現実がオープンできません。

願望実現の鍵となる基本は「決意」と「オーダー」です。これが宇宙を動かす起爆剤です。

祈りの語源は「意宣り」と書きますが、自分の決意表明のことです。神に祈る、宇宙に祈るのは自分がそこに向かって決意表明するということを意味します。あなたが自分の宇宙の中心であり、あなたが受け取る「決意」をして「オーダーする」から宇宙のすべてが動くのです。多くの人が勘違いをしています。色々と願望や欲求を思い描きますが、ただ願うだけではとても実現化には至りません。**「願望（求めている）」と「決意してオーダーする」ことはまったく違う**ものなのです。実現化に必要なのは、まず決意してオーダーを出すことです。

欲求があるのに、あなたはなにをそんなに考え葛藤しているのですか？　欲求があれば、シンプルに「ほしい」というオーダーで充分ではありませんか？　欲求に対して単純になれないとしたら、あなたの頭にはコントロールされたプログラムがあるのです。

欲求の対象物がなんであれ、そこに理由は不要です。ましてや「この欲求はいいこと？　悪いこと？　つまらない願望？」などと迷うことには意味がありません。あれこれと理由をつけて自分の欲求を正当化することに慣れているかもしれませんが、なにかがほしいことを迷い、理由を探す必要はありません。むずかしい意味づけや、高尚な動機も不要です。仕事がほしい、お金がほしい、パートナーがほしい、時間がほしい、そこに理由は必要ないのです。「自分がそれをほしいから」ということが一番の理由なのです！　そしてとても重要なことですが、あなたがそれをほしいと感じるということは、**欲求の方も、あなたをほしがっているということです。**需要と供給はワンセットで、同時に発生しているからです。

もしあなたがまだなにかを手に入れていないなら、それはあなたが自分に対して手に入れることを本気で許可していないから。頭の想像だけが動いているのであって、まだどこかで手に入れることが怖いのです。あなた以外、他に誰も、「手に入れてはダメ！　この現実のままでいなさい！」という人はいません。もしそれをあなたに向かっていう人がいたなら、あなたが相手にそういわせただけのことです。

それは何故だと思いますか？　それはあなたが**なんの条件もつけずに自分自身のすべてを愛する（無条件に愛する）**、ということをしていないからです。最大の鍵、最大の秘密はここなのです！どんなにプラス思考をして、望むものをイメージングしても、自分を丸ごと１００％愛していなければ無理なのです。

私たちは先祖代々、肉体レベルでＤＮＡ情報を受け継いできましたが、その中には不自然でネガティブな「信念」が無数にあります。「足りないという問題」のところでも書きましたが、幼少のころから「自分にはたくさん欠けている部分がある」と信じこまされ「がんばらないと親や世間に認めてもらえないのだ」という信念が培われているのです。「がんばって成果を出すときしか褒めてもらえないし、ご褒美を与えてもらえない」という信念です。みごとに条件づけされ、洗脳されてしまっているのです。「無能ではダメ、遊んでいてはダメ、人より少しでも条件をクリアしないと幸せになれない」そんなふうに強い固定観念を持ってしまっているのです。そうすると、**遊ぶことや、楽しいことや、喜ぶことが自分に許せなくなってしまいます。**無条件に喜べなくなってしまいます。あなただけではなく、あなたの親も、そのまた親も、全員がその信念に苦しみながら生き続けたのです。この信念は、本当に不自然な考え方で、**あなたを含めたあらゆる生命体や、いのちや、存在に対する冒涜（ぼうとく）です。**

あなたはこの宇宙を創造した神なのです。そしてあなたという「空」が創造した人間の肉体という存在も、その他の生命体も、すべてがあなたの作品であり、その各個性はかけがえのないものばかりです。ですからあなたは、まずあなた自身の存在をまるごと愛してください。誰がなんといおうとも、あなたはあなたの存在をまるごと愛するのです。すると自分自身にたくさんの喜びを許可することができるようになります！　それがすばらしいことだからとか、人に喜んでもらえるからとか、そんなことは関係ありません。あなた個人の喜び、楽しさをどんどん追求する人生を過ごしてください。あなたは**あなたの喜びだけに責任**があるのです。あなたが心から喜んだり、楽しんだりしていると、それは肉体ＤＮＡレベルでつながっている先祖の魂をも癒すのです。「うれしい！　やったぁ！」というバイブレーションは、あなただけでなく、あなたの中の過去世や先祖も癒し、今同時に生きているすべての人類をも癒します！　あなたは罪悪感など持たずに遠慮しないで、大いに楽しむ決意を固めればよいのです。これを実践していけば、あなたの願望が１００％叶うことを保証します！

「そうはいってもまずは食べていくことが先でしょ？　その不安はどうなるの？」という疑問が湧くかもしれません。かつての私もそうでした。しかし食べていくことを心配することが、あなたの本当の願望ですか？　違いますよね？　本当の願望というからには**「食べていけることがあたり前」で、そのあとに湧いてくる**もののことではないでしょうか。ですから本当の願望だけにフォーカスして、決意してください。**あなたの本当の願いが叶うときは「生存して食べていくことができている」という状況が、前提として含まれています。**この意味が理解できるでしょうか？

あなたが離婚したいという願望が達成されるときは、既に結婚という願望は叶ってしまっていることと同じです。

最後に解除させたい信念がもう一つあります。あなたは「人生はそうカンタンに欲求を叶えてくれない」と本気で思っているのではないでしょうか？　これも信念です。あなたが「何も成果を出していない自分が喜んではいけない」と思い込んでいたときには、欲求すら自分に許可できなかったわけですから、欲求が叶わなかったのは宇宙のせいではありません。あなたの「信念のせい」だったのです。

心から本気で手に入れたいと思うなら、シンプルに、なんの理由もなく、ただ手に入れる決意をしてください。

ストレス、ウツを受け入れて愛する

悲しみ、失意、怒り、絶望、苦しみ、不幸、これらに関する唯一の問題は、それらを取り除きたいと思うことです。これこそが唯一の障害です。あなたが今現在、逃げだしたい状態にいるのなら絶対に逃げないことです。正面から向き合い問題を理解し、共に生きるべきなのです。

あなたは無意識にいつも逃げ、上手ないいわけを使って、なんとかこの状況を乗り越えたい、変えたいと思ってきたかもしれません。しかしあなたが変えるのではなく、**状況は勝手に変わる**のです。これはシステムであり、エネルギーの法則だからです。そのためにすべきことはたった一つ。それらをただ受け入れようと腹をくくることです。逃れたい、取り除きたいと思えば、問題はややこしくなるだけです。受け入れてみるのです。それらはあなたに愛されたがっているのですから。

逃れたい、取り除きたいと思うと、それを「見ない」ことになります。向き合わないことになります。これは自分に対する最もひどい仕打ちであり、最も愛から遠い行為です。それらの悲しみ、怒り、絶望たちは、常に見捨てられ、愛されずに、とうとう肉体の一番深いところに身を潜めてしまいます。無意識の深みへ動いて、見つけにくい肉体の一番深奥に逃げ込むのです。あなたの実存の最下部に移動して、暗闇に隠れるのです。当然、深いところに隠れるほどに、問題はややこしくなり手のほどこしようがなくなります。どんなにヒーリングをしてエネルギーを流しても、本人が愛そうとしないかぎりそれらは再び隠れてしまうのです。

大切なことは「押さえつけない」ことです。そして辛い作業かもしれませんが、勇気を持って目の前の現状を受け入れることです。目の前の現状そのものは、あなたに対して攻撃するわけではないのです。あなたが肉体の中へ抑圧して閉じ込めてしまった感情エネルギーは、いったん気づいてあげることが必要不可欠で、向き合い祝福してあげることで流れていきます。

なんでもかんでも「安心させる」「癒す」「気持ち良くさせる」ことがヒーリングだと勘違いされている風潮があるようです。残念なのはヒーラーを職業とする方のなかにもいらっしゃることです。気持ち良くなるのは、結果としてそうなるかもしれませんが、最初は「自分が愛していないもの」が出てくるので、どちらかといえば「心地よくない」状態です。今まで長いこと自分が否定し、嫌がっていたので、ヒーリングによって「愛して！」と出てくるわけです。

たとえばストレス。そして大流行のウツ。なぜこんなにストレスやウツが蔓延し、しかも長引くのでしょうか？　それは「頭」が状況を否定し、認めないからです。この3次元のビジネス社会にはストレスが生まれますが、ストレスは大変すばらしいものです。最高にすてきな体のシステムなのです。それなのにストレスはだめだと洗脳された「頭」が、体がつくり出すストレスを毛嫌いしてしまいます。ストレスのシステムを愛せないのです。だからウツになってしまうのです。

ストレスという緊張を感じた瞬間、洗脳された「頭」の声がいいます。「そうなってはいけない！」と。ストレスを愛せないどころか、恐怖を感じてしまう。「なんとかリラックスしなきゃ！」と「頭」でがんばりはじめるのです。最高の叡智の肉体システムは、ストレスが必要だからそれを生み出しているのです。ストレスは創造的なエネルギーです。ですから活用すればいいのです。まず受け入れましょう。闘わないことです。ストレスは敵ではありません。「頭」は愛を知らず疑り深いため、すぐに敵とみなしてしまいますが、この宇宙には、愛といのちしかなく「敵」などいません。敵という概念は、頭に入力された単なるプログラム（洗脳）に過ぎません。

ストレスは申し分なく完全です。ストレスは「やるぞ！」という体の準備の現れです。今から走るランナーのように、全身がエネルギーの準備をしてくれているのです。その時に、無理やり鎮静剤を摂取したら体のシステムに背くことになり、それこそアンバランスになって、体の機能がこわれてしまいます。体はある状況に挑む準備と用意をしているのです。なんらかの挑戦や、チャレンジがあるからこそ準備しているのです。その挑戦を楽しむこと。全身全霊でやること。そのためのストレスエネルギーなのです。

全身全霊でストレスを生きたら、自然に「くつろぎ」が訪れます。途中で頭の声に従って「リラックスしなきゃ！」なんて思っては、問題が起きるばかりです。叡智の体は途中でリラックスできません。そのときリラックスしないことがベストだから、そういうシステムになっているのです。体の叡智の方が歴史も長いのです。宇宙においては、頭の方が新入社員です。誤解しないでいただきたいのですが、私は「頭がいけない」とはいっていません。頭が「愛」を知ることで、そして「宇宙と肉体の完璧さ」を知ることで、なにも事実を知らなかった「頭」が本当の賢さを学んでいくようになるのです。

それが真っ赤なウソだったら?

あなたが握りしめている、あなたを苦しくさせるようなあらゆる信念、宗教、概念、常識や情報を取り除き、頭や思考のプログラムが解除されていくことで、あなたの可能性は飛躍的に高まります。最も大切なことは、あなたが「あなた自身になる」ということです。それを可能にするためにも、社会から押し付けられたマニュアルや信念、常識のすべてからいったん離れることが重要です。

セラピーやヒーリング、本などによってもあなたのプログラムは解除されていきますが、そうなるにつれて、同時に危険も生じることを心に留めておいてください。あなたが今まで握りしめていたパターンやスタイルが取り除かれると、また別のパターンにはまっていくことが起きがちだということです。別のスタイル、別の教師、別の牢獄です。するとあなたはやっぱりまた「あなた」では生きていないということになります。ですからどんなにすばらしいものも、あなたの内側にある叡智の補助として使うようにしてください。

あなたの人生には特別に決まった使命や役日、目的があるわけではありません。人生に特殊な目的はないのです。あえていうなら、あなたの**人生のすべてが目的です。**すべてが大切で、すべてが価値あることです。外側がどう見えようと、すべて平等に価値があります。なにか一つ欠けてもあなたの人生は成り立たないのです。生きることに特別な目的がないように、個人の人間にも特別な目的はなく、ただ自由な各自の選択があるだけです。

自然界の花や、海や、星にはなんの目的もありません。ですからあなたにもないのです。もしなにか絶対的な目的があったなら、それはあなたがそのように決めただけのことです。あなたに絶対的な目的があるということは、必ずそれに縛られるということでもあり、不自由です。しかし自主的に縛られているならそれは楽しい経験となるでしょう。

「こうであるべき!」というような絶対的な目標は、必ず他者からの洗脳です。なにかを「こうであるべき」と決めたら、必ず失敗の可能性もあり、そこに対しての苦しみも生まれます(もっと大きな視点からいえば、あなたの旅は永遠に続くので、失敗はないということになりますが)。ここで提案です。あなたが目標や欲求を決めても、それに縛られないでください。縛られるのではなく、すべての欲求を楽しみ、目的に向かうプロセスを楽しみ、すべての瞬間を楽しんでください。途中で遭遇するすべてに感謝し、それらを大切にしてください。一瞬一瞬を思い切り楽しむことで目標自体の「真の目的」が達成されます。つまり、人生とはプロセスが目的なのです。目標だけに価値を置き、目標だけのために生きるなら、それまでの貴重なあなたの瞬間は浪費されてしまいます。

どんな目標も欲求も、単なる一つの思考であり、考えに過ぎないことを覚えておいてください。なにかの考えや思考にとらわれ、そのことが繰り返し何度もあなたの頭に浮かび縛られるようなら、そのときはぜひあなた自身に次のように尋ねてみてください。

「それが真っ赤なウソだったら？」

「こうあるべき」という考えが浮かんだら「それが真っ赤なウソだったら？」
「怖いな。大丈夫かな」という考えが浮かんだら「それが真っ赤なウソだったら？」
「私には無理なんじゃないだろうか」という考えが浮かんだら「それが真っ赤なウソだったら？」
「あの人に嫌われているに違いない」という考えが浮かんだら「それが真っ赤なウソだったら？」

私たちは自分の頭の中にいろんな声のようなものを流し続けています。そのおしゃべりのようなものは「あなた」ではありません。いつかどこかで「誰か」からもらった考えでしかありません。あるいは今、どこかの誰かから流れてきた考えでしかありません。なににも縛られない自由な状態にするために、あなたは「それが真っ赤なウソだったら？」と自問自答しながら、すべての思考から距離をとってください。頭のおしゃべりから離れて観察するようにしてください。頭のおしゃべりの多くはどうでもいいようなことばかりだと気づくでしょう。ですからすべてを無視してかまいません。本当にあなたにとって大事な情報や考えであれば、肉体すべてが喜びで反応します。

ほとんどの頭の思考は、他人の考えの寄せ集めです。あなたがそれを信じて、その物差しですべてを解釈するとき、狭い領域の部分的な見方にばかり片寄ってしまうことになるでしょう。

あなたの頭のおしゃべりには注意してください。頭や信念や一般常識を信用し過ぎないでください。あなたの現状をつくったのは、あなたの「頭」の思考や信念によってです。あなたが楽園にいても、地獄にいても、不安な現状にいても、そこにあなたを導いたのはあなたの信念や思考なのです。

どんな他人でも疑うのに、あなたは自分の考えに対してはまったく疑おうとしない傾向があります。今が100%幸せでないなら、まずあなたはあなたの思考や思い込みを疑うべきです。

あなたが苦しむのは、あなたの思考によってです。
あなたが不安なのは、あなたの考えによってです。
あなたが悲しく辛いのは、あなたの思いによってです。
あなたがそれらの思考を握りしめているだけなのです。
今あなたの中によぎる考え、その全てが真っ赤なウソだったら……。

気づきの大切さ

今までの私たちは、肉体がプログラムされていることにも洗脳されていることにも気がつかない操り人形のようなものでした。洗脳やプログラムが悪いとはいっていません。それらは「空」であるあなたが肉体に経験させてみたかったことであり、一度は洗脳プログラムを入力しなければなにも現実をつくれず、それを感情として知ることもできなかったからです。つまり叡智にすることができなかったのです。単なるプログラムとかデータという表現ではインパクトが足りないので「洗脳」という言葉を使いましたが、洗脳は悪いものでも良いものでもなく「何かを信じこむ」ための材料にすぎません。

洗脳によって制限がかかることが悪いのではありません。すべては知るためでした。体験するためでした。制限された不自由な感じを体験しなければ、自由がなにかということもわかりませんでした。そして**現実に対するなんらかの定義（制限のプログラム）がなければ、物理的な体験はできない**のです。忘れてならないことは、制限が実際に生きているのでもなければ、あなたに猛威をふるっているわけでもないということです。制限とは、単なるプログラムのことです。ですから制限されたプログラムしか信じられないでいる状態こそ、本当の不自由なのです。

私たち人間は、気持ちいいと感じる感情に対してやたらと執着しますがこれはなぜでしょうか？

気持ち悪いと感じる感情を避けたいと思うのはなぜでしょうか？　これこそが最も大きな洗脳ですが「気持ちいい」ことはOKで、逆は悪いというプログラムなのです。しかし片方だけを手にいれることは無理なのです。両方の感情は一対になっているからです。「I am happy」も「I am not happy」も、じつは同じ信念（洗脳）の裏と表なのです。「～だと幸せ（良いこと）」「～でないと不幸（悪いこと）」は同じことなのです。この裏と表の両方の信念に気づきどちらからも距離をおいてください。どちらも単なる洗脳プログラムです。

あなたの日常のすべてにおいて、いつも意識をして気づきと共に暮らしてください。少しでも嫌な感情反応が起きるところには、必ず洗脳プログラムがあります。今まで無意識にただ反応するだけで生きてきたのですから、最初はめんどうかもしれません。無意識の方が楽なのです。しかし意識的な観察状態も慣れれば同じく楽なことなのです。

気づき、観察している状態のときのあなたはしっかり「中心」にいることができ、自分の思考プログラムの影響から離れることができていきます。思考の外に立つ、思考の外に出ていることで、気づきが多くなります。**すべての思考プログラムに気づいていくことは、あなたが最大の自由を手にすることにつながるのです！**　思考のすべてから外に出ているとき、あなたは自分の「中心」を取り戻しており「空」という源の位置に戻ってタイムリーな直感やひらめきを受け取ることができます。

やがてあなたは無意識で行う行為がなくなっていきます。やがてあなたは怒りに没頭できなくなります。怒ることができなくなるのです。それは今までのように「怒ってはダメ」と抑えたからでもなく、怒りを無視したからでもなく、ただ、怒ることができないのです。怒りも恐怖も、それが存在できるのは、あなたが**無意識で気づいていないとき**だけだからです。

抑圧という暴力

あなたは長い間こんなことを信じてきたはずです。「私は内面的に完全ではなくなにかが欠けている」「自分は条件的にも不完全だ。充分には持っていない」「世間は大変なところだ」「未来はわからない、だから危険で不安だ」といったようなことです。このようなことを意識の深い部分で感じながら、それを克服しようと格闘してきたはずです。そして「なんとか乗り越えなくては！」と多くの時間とエネルギーを費やしてきたのではないでしょうか？

たとえば「人間は常に明るく朗らかに、ポジティブでオープンな方がいい」というような非常に誤った概念があります。これは新しい種類の暴力です。自然なエネルギーバランスを抑圧する暴力です。常に明るく朗らかで、愛情深いというのは、自然なことでもなんでもありません。とても片寄ったプログラムです。不自然で不健康な概念です。

自然界のすべては、生きたエネルギーで成り立ち、それは波動であるのですから、満ちるときと引くときがあります。開くときと閉じるとき、昇るときと沈むときがあります。それらはバランスをとってくれる自然なリズムなのです。どんな状態も抑圧することなく、そのまま受け入れ、あとは自然な成り行きにゆだねてください。あなたの人格部分はすべてそのままでＯＫであり、あるがままで愛されるべきいのちだからです。

あなたの苦しみや心の痛みは、あなたの中から湧き起こったものに対して「感じていない！」と否定し抑えることが原因だということをご存じでしょうか？　あなたがなにかを判断した結果、それを否定し、抑圧するとき、あなたの細胞は閉じるのです。閉じて、細胞が委縮すると、そこに不快感や痛みが生まれます。逆に、受け入れようとすれば、細胞は開き、不快感も痛みも流れていくので心地良くなるのです。あるがままに受け入れることは「至上の愛」だからです。あなたが自分の内側を観察することによって心の痛みや不愉快な感情を見つけたら、そこを心から受け入れてあげることで、それらは消えてしまいます。ただあなたの意識を向け、見つめていてあげるだけで消えていきます。

痛みとはそんなに悪いことでしょうか？　目を背けなければならない程ひどいものでしょうか？　それは単なるフィーリングでしかなく、ただの痛みでしかありません。良いことでも悪いことでもなく、ただ波動が違い、エネルギーの質が違うだけです。**痛みより、歓喜の方に価値があると**

いうことはないのです。痛みこそ、もっと積極的に祝福するくらいの気持ちになってあげてほしいのです。

本心は不安でいっぱいなのにもかかわらず、妙にポジティブな表面的思考で「きっと大丈夫！必ずうまくいく！」とごまかして抑え込んでしまうことはありませんか？　浮上してきた正直な感覚を我慢して飲み込んでいけば、どんどんそれは溜まっていきます。「怖い！」「悲しい！」「このヤロー！」というフィーリングが湧いたら、じっとその感情を見守ってください。自然に出るにまかせてなにも操作しないことです。「どうしてこんな思いが出るの？」などと分析もしないでください。原因や理由を探そうとしないでください。ただ自由にその感情エネルギーを浮上させていってください。感情の浮上を嫌って、感情を抑圧しようとする部分が出てきたら、その抑圧したがる部分もちゃんと祝福してください。

2年程前の私の体験です。借りたＤＶＤ（確か『24』）を随分溜め込んでいたので「今夜のうちに返却しないと延長料金だ。残りを今から全部見るぞ」と決めて観はじめた夜のことです。なぜかその夜に限って次々と電話が鳴り、なかなかＤＶＤが観られません。やっと夜10時くらいになって一段落したので、ホッとして再び観始めました。するとまた電話が鳴ります。「んー！もう！」と電話に出ると、私のレイキヒーリングのマスターティーチャーからでした。特に大事な用件があるわけではないらしく、日常的な会話をしていく中で時間はただ過ぎていくばかりです。少しずつ焦ってイライラしはじめた私は、正直に「あの、今夜中に返却しなければいけない

ＤＶＤをそろそろ観たいのですが」と伝えました。しかし彼女は「あ、そう？」とだけいい、一向に気にする様子もなく話し続けるのです。私は心の中で「何で？　何で？　もう電話を切ってほしいということを暗黙にいったじゃない。どうしてわかってくれないのかしら」腹立たしくなってきました。それでも全然電話を切る気配もなく、私の身体の中はイライラがＭＡＸになる部分と「いつもお世話になっているし、イライラするなんて申しわけない」と、イライラを抑えようとする部分との一大戦争になっていました。そして彼女は「イライラしているんでしょ？何故それを抑えるの？　自分の中で自由にイライラさせてあげて」といったのです。

「あ！　そうか！」と私は気づき「イライラちゃん」と「抑えつけ君」の両方ともを身体の中で泳がせるように許しました。イライラちゃんが「ん！　もう！　いらつく～！」と自由にエネルギーを表現し、抑えつけ君は「ダメダメ！　イラついちゃ！」と自由に表現し、それから1分もするかしないかのうちに、この2つのエネルギーはスーっと一緒に重なっていったかと思うと同時に、きれいに消滅していったのです。

「あらー！」と自分でもビックリして感動していたら「じゃ、またね」と彼女が電話を切りました。まるで、今の一連のエネルギーの動きを見ていたかのようでした。「私は完璧でなく欠けている。だから立派な人格者になるべきだ。些細なことでイライラすべきじゃない」と教え込まれたことがあり、自分の本当の感情を抑圧していたのです。

私の例からもわかるように、あなたのエネルギーブロックに対しても、いろいろな人があなたの抑圧部分を浮上させる手助けになってくれます。そのとき、**抑圧された側の感情と共に、抑圧する側のエネルギーも同時にコンビで出てきます。**この抑圧する側を抑え込まないでください。ここが意外に落とし穴なのです。抑圧が暴力だというと、今度は抑圧すること自体を悪者にしますが、抑圧したがる部分をも受け入れて祝福してあげたら、なぜか抑圧しなくなるのです。祝福こそが、すべての抑圧を解放する最大の愛の武器なのです。

内的実感と外的状況

これからの自分がなにをしていったらいいのかわからないという思いを持つ人が増えています。仕事は？　結婚は？　ライフワークは？　役割は？　こういった問題に具体的な答えが見つからないことにイラ立つことも多いかもしれません。具体的な答えが見つからないのに、その状況や体験から湧き出るフィーリングを、答えがわかる前に全身で味わうことはかなり大変かもしれません。

それでもあえて提案します。あなたの身体を使って、そのフィーリングを前もって感じる練習をしてみてください。あなたにとって、充実した感覚や満ち足りたフィーリングはどんな感じでしょうか？　本当は練習しなくても、あなたは本来このフィーリングを知っているのです。これはあなたのルーツ、あなたの源のフィーリングとまったく同じものだからです。ハートの奥から溢れるように感じるかもしれないし、お腹の奥のほうで感じるかもしれないし、全身に広がって感じるかもしれません。とてもくつろいで充実したフィーリングを、できるだけ身体やオーラにじんわりと広げるようにしてみてください。

なにを体験して幸せになるのかという具体的な形がやってくる前に、あなたがどんなフィーリングを感じたいのかを前もって知っておく必要があるのです。知っているものしか手に入らないからです。「ああ、なんだかワクワクして充実して満ち足りている」というフィーリングを感じる練習をしてみてください。前もって身体で知っておけば、その満ち足りたフィーリングを感じられるような具体的な人生の形を、身体があなたのまわりに引き寄せ始めるのです。あなたが充実したフィーリングを感じやすい場所に出かけることの助けにもなります。あなたが感じている感情やフィーリングがそのまま電磁場（オーラ）で固まっていき、現実の形態をつくるのです。具体的な現実は、感情やフィーリングからつくられるということを知っておいてください。あなたが**喜んで楽しく感じた分だけ、形になります。**

内側が豊かで充実しているとき、必ず外側もそうなっていきます。あなたが満ち足りているという「内的実感」のほうが「外的状況」よりも重要なのです。しかし**逆はありません。**外側の富裕な状況がどれだけスケールアップしても、内的な実感が伴うことはないのです。もし伴っても、そのとき限りの「頭」の快感反応が一瞬起こるだけです。「やった！　手に入った！」という、プラスのショック状態が起きるだけです。

求めるべき成功とはなんでしょうか？　本当の意味での成功は、充足感、拡大感、暖かさ、心地良さ、エネルギッシュなどのフィーリングや実感なのです。もしあなたが決意したにもかかわらず、成功という外的状況（具現化）が整わないのなら、成功の実感フィーリングが充分に全身にいきわたっていないからです。

その唯一の原因は、自分自身を無条件に愛していないことに尽きます。自分を１００％愛せないから、どこか楽しくいられない、どこか生きていては申しわけない、そんな感覚になり、呼吸が小さく浅くなっていきます。無条件に自分を１００％愛せないとき、成功フィーリングを全身で感じやすくしてくれるカンタンな入り口が「呼吸」なのです！　成功フィーリングを感じることがむずかしいとき、そういう**良い人生を生きている時の呼吸**を想像して、その呼吸で毎日を生きてみてください。起きてもいないことで不安になる暇があるなら、良い呼吸をすることを選んでください。

私自身、一時期、ほしいものを片っ端からかき集めていったことがあります。手に入れた瞬間は「やったぁ！」と満ち足りても、すぐにまた「まだなにか足りない！」という思いが出てきます。どれだけ集めても常に内側が充実せず、充実しないどころか、集めたことへの罪悪感や拒否感まで出てきてしまい、手に入れたものを楽しむ精神的余裕もありません。自慢でもなんでもなく、過去に私自身が心からほしいと望んだ物や、成し遂げたいと真剣に思ったことはすべて手に入れてきていました。そんなにも願望を叶えているのに、だからもっと幸せに感じていいはずなのに、どうして常になにかが欠けている感じがするのか不思議でした。それが一体どうしてなのか知りたいと強く思いました。

ここは物理次元であるし、あなたは当然のことながら外側の具体的な物や形や状況を望んでいいのです。そのことにもっとたくさんの許可を降ろしていいのです。しかし忘れてならないことは、それらの願いを達成し、手に入れたときの深い充足感という「内的実感」が身体に溢れてこなかったら、外から得たものはなんの意味もないということです。外的状況の前に、内的実感（成功フィーリング）が大切なのです。内的実感というものは、生命力が内側から満ち溢れて喜びいっぱいの状態のことです。

2009年のある日、ちょっとしたきっかけから呼吸法に取り組んでみたことがあります。以前から「やるといいよ」と知人に勧められていても、なかなか決意できずにいましたが、その時は90日間連続で、とりあえず機械的に実行しました。すると90日近くなって「あれ？」と不思議な身体感覚に気づき始めたのです。以前より頭の中が静かになって、そして身体全体が何ともいえない充足感でいっぱいになっているのです。ほしい物を手に入れてもうれしいけれど、手に入れなくても、身体全体が豊かなフィーリングでいっぱいになっているのです。本当にわけもなくそうなっているのです。外側の状況に関係なく充足感があり、その上でなにかを手に入れた場合は、喜びがいつまでも続きました。「ああうれしい！」という満足だけが続き「足りない！　もっとほしい！」は出てこなくなりました。

呼吸法によって頭が静かになり、それによって身体の生命力が本来のイキイキしたものに戻るともうそれで充分にうれしくなるのです。「うそ〜?！　呼吸法とオーダー（決意表明）（アファメーション）だけで、こんなに効果が出るなんて！」と本当に驚きでした。

呼吸法はその内的実感を感じやすくしてくれます。私にとってとても効果的であったカンタンな瞑想呼吸法をお教えします。少しくらい休む日があってもかまいませんから、90日間、朝と晩に5〜10分ほど続けて下さい。60日過ぎたころから感じがつかめてくるでしょう。

●オーダー（アファメーション）：

呼吸法の前に「○○を現実化して、そこに満ち足り続ける自分でいたい！」あるいは「頭が知らない、本当の豊かさを知りたい！」「自分を無条件に愛します！」など、あなたが取り組みたい内容を唱えます。

●瞑想呼吸法：（オーダーの後に）

第一段階：

椅子に腰掛けます。目は閉じて下さい。あなたの頭上高くにある宇宙の中心から、まっすぐ光の柱（光のパイプ）が降りてきて、あなたの肉体を貫通して地球の中心核まで届くのを感じてください。あなたは、口が開かない程度に、少しだけ口元を緩めます。鼻から息を一定に、途切れないように、静かにゆっくりと吸っていきます。この息を吸い込むときに、宇宙の中心からの光が、パイプを通じて、頭頂からまっすぐ丹田（お腹）に降りて充電されるのを楽しんでください。そのあとは、吐く息だけを宇宙の中心に返すように感じてください。
これを3回繰り返します。

第二段階：
次は鼻から息を吸い込むときに、地球の中心核からの光が、パイプを通じて、丹田まで昇ってきて充電されるのを楽しんでください。その後は、吐く息だけを地球の中心核に返すように感じてください。これを3回繰り返します。

第三段階：
次は鼻から息を吸い込むときに、宇宙の中心からも、地球の中心核からも、そして四方八方からも光が丹田に集まってくるのを感じてください。そのあと、息をゆっくり吐きながら、丹田に充電された光エネルギーが四方八方に広がって拡大し膨張していくのを感じてください。この拡大していく大きさは、あなたが無理なく感じられる範囲で大きくしていってください。

このあとは、この第三段階の呼吸を5～10分繰り返します。
そして90日過ぎたら、日常において、歩いていても、仕事のときも、食事のときも、なるべく「満ち足りた呼吸」をするようにしてください。

成功したすばらしい人生を送っているときの自分の呼吸を想像して、日々その呼吸を続けてください。

嫌なできごとは感情解放のために起こる

あなたは「思考は現実化する」ということを耳にされたかもしれません。嫌なことを考えてばかりいると、それは現実化すると教えられたかもしれません。しかしそれは間違いです。嫌な思考や否定的な思考をあなたが頭に浮かべたからといって、それがそのままストレートに具体的な現実として起きるわけではありません。その嫌な思考が浮かんだということは、この物理次元ではない次元にすでにデータ（情報）としては存在しているのです。しかしあなたがその内容に情熱的な興味が持てず、その体験を望む決意をしないなら、そのデータは作動せず、従ってこの物理次元には現実として起こってはこないのです。

思考というデータ自体にはなんの罪もなく悪者でもないのだから、あなたはそれを否定せず、ただ選ばなければいいだけです。そしてすぐに、選びたい思考内容の方へ意識を向ければいいだけです。

この世に「あってはならない思考」などというものは存在しません。全ての思考に存在価値があるのです。

その概念や思考は、単にそういう内容であるだけ。「良い」も「悪い」もないのです。

「そうはいっても、この嫌な思考が頭から離れてくれない！」という場合があると思います。そんな場合はどうすればいいのでしょうか？　その嫌でしかたがない思考が浮かぶときに共通していえることがあります。必ず「嫌な感情」もセットになっているはずです。それはもともとあなたの中に抑圧されていた感情なのです。

その思考とセットで出てきた恐怖、悲しさ、せつなさ、痛みなどの感情を、そのまま気づいて受け入れて、そして最大限に祝福してあげてください！

そんなことが起きたら怖いという思い、不安な思い、悲しすぎるという思い、このような感情に気づいてあげるだけでもいいのです。ホースから出る水がだんだん弱くなるように、その感情は弱くなっていきます。おしのけようとせず、ただ見守ります。**感情を受け入れて見守っていく場合には、嫌な現実は起きませんから安心してください。**感情を受け入れてあげることで流れていき、その現実をつくらずに済むのです。

心にとめておくべき大切なこと、それはどんなエネルギーも抑圧しない、ということです。他者にぶつけるという意味とは違います。あなたが感情に気づき、眺め、静かに見つめるとき、それらは消えやすくなります。感情はあなたが無意識のときや気づいていないときにのみ、あなたを支配し振り回すことになります。ですから気づき、受け入れ、見つめていればすべてが消滅していきます。

「嫌なできごと」なるものがこの世にあるわけではないのです。あなたにとって個人的には好きになれない、**嫌な感情を浮上させるできごと**という表現が的確です。あなたが魂の深いレベルで願った目的のひとつが、この感情の解放でした。あなたの内側に抑圧されていた感情の痛みを表面に浮上させ、流れさせて解放することが目的の一つでした。そのために「イヤなできごと」を使ったのです。そのきっかけがなければ、感情が浮上できないからです。ですからできごとを悪者にしないで、感情も悪者にしないで、そのまま受け入れて共感してあげてください。あなたが長い年月をかけ、そしてもっと以前の遠い昔の先祖たちの世代から、自分の肉体の中に受け継いで蓄積してきた感情の抑圧があります。今、それらをすべて細胞の痛みと共に解放しようとしているのです。その解放のために、そのできごとが最も有効でピッタリだから、身体自体がそのできごとを起こすのです。なんと完璧で愛のあるサポートなのでしょう！

第4章

思考や感情を変革させるために

Chapter4

輪廻転生と魂

人が亡くなると、その人の人生経験の「記憶のデータ」が別の子宮に移ります。「自己」が移るのではありません。自己、つまりあなたは「空」という観察意識なので、自己が転生するというより「記憶のデータ」が転生するのです。そしてまた新たな肉体の中に取りこんだ「記憶」を自分だと錯覚して生きていくのです。単なる記憶のデータなのに、その記憶を自分の苦しみだと信じて生きていくのです。この記憶データのことを「魂」といいます。つまり魂とは、感情経験の記録器のようなもの、ＣＤロムのようなもののことです。思考と感情の記録が魂です。ですから魂それ自体は「あなた」ではありません。あなたは魂のデータを読み取っている側です。

死を迎えるとき、あなたは周囲の空間にその「記憶」をデータとして残していきます。その感情の記憶に未練と執着があって、手放すことができないので残してしまうのです。記憶という想念波動や思考エネルギーの束が残るのです。「我が思い！」とあなたが信じ、執着するからです。単なる機械的なデータだということを忘れ、自分がそう思っているのだと錯覚するからです。それは一人歩きしていきます。ほどくことができず、光に戻れないのです。あなたが苦しんでいたら、それらの苦しみはすべてどこかに居場所を探します。どこかほかの記憶システムに入っていくのです。一つの子宮にまるまる入ってしまうこともあれば、断片的に入ることもあります。ですからその子宮の中の新しい肉体にとって、その苦しみの記憶は、今の自分のものではありません。「他人の思考や感情」を受け継いでいるのです。ただし、一個人の記憶システムをまるごと受け継いだりはしていません。

許されず、愛されず、達成されなかった考え方、マインド、記憶データなどが受け継がれやすいのです。それは「今回の新しい肉体で、なにがなんでも達成したい！」という執着のエネルギーが縛りとなって存続しているからです。マインドをほどくことができないままでいるのです。その思考、そのマインドが、誰かによって「単なるデータだ！」と識別されるまで、ほどくことができずに転生します。あなたの肉体の中には、断片的にあちらこちらからもらってきた「記憶データ」がいっぱいです。それらがあなたの苦悩システムを形成しています。

この地上で、すでに亡くなった人々の多くは未練や苦悩のうちに人生を終えていることがほとんどで、歓喜のうちに亡くなっている人は非常に稀です。完結した気持ちで亡くなった人は悔恨がなく、したがって後に痕跡を残す必要がありません。自分の「記憶データ」を他の肉体に負わせることもありません。ただ宇宙の海に溶け込むだけです。執着が残っていないのです。ですから気づいて悟った人は生まれなくなることが多いのです。

ところが自分が「観察意識」ではなくて肉体だと思っている人は、その執着や悔恨を自分のものと信じ、死を迎えるたびにありとあらゆる苦悩の感情パターンをまわりに放出していきます。そしてこれは電波のように、全く目には見えません。でもそれを受信するための器具（肉体）があれば、たちまちそれは姿を現すのです。

一個人が丸ごと転生という状態はありません。しかし無数の「苦悩の記憶データ」は、とてもリアルなエネルギーを保って転生していきます。今ここそれを理解し、記憶としての苦しみを「溶かす」ときです。そうしなければ、今の肉体の中であまりにも分厚くなって、苦しさが増していきます。それでもあなたが、今現在の肉体の中にある「苦悩の記憶データ」に気づかないでいると、周囲の人の中にそれらを見いだすことになります。あなたが、誰かを見て「かわいそう」と思うとき、その「かわいそう」な部分はあなたの肉体にも苦悩の記憶データとして残っているのです。

いつか、どこかで、誰かが感じた無数の傷が、あなたの肉体に入り込んでいるのです。
しかしあなた自身という「空」にはなんの傷もありません。
あなた自身という「空」には苦悩がありません。
あなた自身という「空」は至福だけなのです。

ですからその苦悩の記憶を、あなたのものではない単なるデータとして受け入れ「気持ちはよくわかりました」「本当にお疲れさま」とねぎらってあげてください。

思考・マインド

人は皆、身体や思考やマインド機能と一体化してしまっています。これは病気に近い状態です。無意識ですから一体化していることもわからないくらいに、みごとに一体化しているのです。しかしあなたは身体でもなければ、オーラでもなく、もちろんマインドでもありません。あなたは純粋な、中立な、色合いをまったく持たない「透明な自覚意識」として存在するだけなのです。エゴや、マインドはこの事実を認めません。「他のみんなと同じ意識が自分の正体？　嫌だね！私はきっとそのうち『ひとかど』の者になるのだから！」などというのです。

あなたという「空」意識が、人間肉体を体感するべく、それをつくって持った段階から思考やマインドがあなたのもとに侵入を開始しました。思考や情報やマインドが、彼らの意見ややり方を押しつけるべく、あなたを乗っ取るつもりで侵入してきたのです。中心の玉座に座りたいからです。あなたという中心の座につきたいからです。あなたという「空」のご機嫌をとりながら、あなたの力にとってかわりたいからです。あなたは自分という自覚意識を忘れ、中心にいることを忘れているせいで、いともたやすくマインドや思考を、自分の玉座に座らせてしまっています。そのことに気づきもしていないのです。あなたという意識は完全に眠り、覚醒していません。

マインドや思考自体は、社会や大衆が生み出したものであり、教師や両親を経由してあなたのもとに侵入してきました。ですからあなたのものではありません。

あなたは、いわゆる理想的な方法で、彼らから教育され、条件づけされ、コントロールされてきたことでしょう。あなたの思考システム、マインド機能は、あなた以外の他者によってつくられたのです。あなたは常に、今この瞬間もその影響下にあるのです。

あなたはいいます。「私の家族は◯◯です」「私は◯◯です」と。「私は仏教徒だ」「私の意見は◯◯だ」「私は日本人だ」「私は社長だ」「私は貧困だ」「私は妻だ」「私は善人だ」と。

しかし本当にそうでしょうか？　これらはあなたの「事実」なのでしょうか？　あなたの本質、あなたの事実は、こういったマインドではありません。分類されたものでも、レッテルでも、状況でもないのです。あなたがもし敬虔な仏教徒であるというなら、単に仏教の概念と思想を知識として得ただけであり、その振る舞いに慣れただけなのです。それらしい反応、それらしい思考パターン、それらしい行動パターンで条件づけされただけなのです。それらは、手に入れたものに過ぎず、あとから手に入れるようなら「本質」ではありません。

生まれた直後、あなたという「意識」は、なにも手にしていませんでした。それらによって色づけされたり、影響を受けたりはしていませんでした。では一体いつから、条件づけされ、コントロールされ、レッテルを貼られたものを「自分」だと錯覚していったのでしょうか？

宇宙や人生には、なんの問題も、間違いも、不安もありません。宇宙には「いのち」しかないのです。あなたの頭の中や、マインドの中にだけ不安と問題が存在できるのです。「問題がある！」という見方や解釈を通して「あなた」がつくりだしているのです。あなたは、あなたの頭やマインドを通じて、まわりの人や人生を解釈し、すべてを決めつけているのです。あるがままの「ただそうであるだけ」という中立な見方や、純粋な解釈ではなく、何かの独特な解釈や意味づけをしたくなるのです。このマインドこそが「問題」の発起人です。

思考やマインドという物差しを使って人生や他者を見るかぎり、あなたの人生は「問題」と悩みだらけになってしまいます。マインドや頭は、解釈や解答をほしがります。それは安心したいからです。しかし皮肉なことに、その解釈や解答が、さらにあなたの人生に複雑な問題をつくっていくのです。

そもそも問題というものは人生には存在しません。もし宇宙に本当に「問題」があったなら、その時点で、とっくに宇宙は消滅しています。プラス思考やマイナス思考、この解釈や分類も、いかにもまともに聞こえますが、マインドの一つに変わりはないのです。生命も宇宙も人生も、すべてがトータルで美しく、あるがままなのです。そこにはなんの問題も見あたりません。

けれどもあなたの思考やマインドだけが、今日も至るところに問題を見つけるのです。無意識に問題を探したがり、問題を作りたがるのです。まるでそれが生きる目的か、生きがいでもあるかのようになっています！

すべてのマインドや、あらゆる思考のどれからもフリーでいたいなら、あなたは人生や宇宙そのものとつながってください。すべての幸せがすでに手中にあることを実感するはずです。

言葉のられつ（思考）にだまされないで！

もともとあなたという「空」から言葉や概念が生み出され、創造されました。当然あなたは言葉を超えた存在のはずです。言葉に使われるのではなく、言葉を選び、駆使する側です。あなたの思考は、この言葉によって構築されています。思考は言葉の寄せ集めです。そして言葉という思考は、大変怖い側面も持っているのです。あなたが言葉に重きを置くほど、あなたは細分化されてしまうからです。あなたは部分になり、パワーダウンしてしまいます。言葉によって構成された世界に生きることは「制限」の世界に生きることです。言葉、言葉、そしてさらに言葉……。人はそれによってあっという間に縛られてしまうのです。耳ざわりのいい「愛」「正義」「使命」「信念」とか、その手の言葉を聞いたときも注意してください。あなたは思考という「言葉のられつ」を真実だと信じ込んでいるのです！　しかし言葉自体は真実ではありません。思考も真実ではないのです。

言葉というものは一つの仮定、象徴、概念にすぎないのです。リアルな現実ではなく、機械的なデータにすぎないのです。「思考」も「言葉」もあなたが選ばなければ、そこにいのちは与えられません。言葉の内容も実行されません。けれどもいったん言葉や思考に執着し、それだけを信頼したら、あなたは永遠に言葉の奴隷になっていくのです。たとえば誰かが「あなたを尊敬しています」「好きです」といえば、あなたは相手が永遠にいつも自分を尊敬し、好きでいてくれると信じてしまうことでしょう。あなたにとって「言葉」がリアルな現実になっているからです。しかし「あの人は確かに私を好きだったのです。それなのに裏切ったのです」という日もくるかもしれません。いえいえ、あなたはその古い「言葉」に、今となってはだまされてしまっているだけなのです。

言葉はリアルな現実ではありません。その瞬間はたまたまその言葉があなたの中を通過しただけのことなのです。言葉や思考を現実や真実から切り離すことをお勧めします。すべての言語は、執着すれば洗脳されることになります。言葉を信用するのではなく、身体のフィーリングの方に意識を向けてください。フィーリングの方が状況を正直に語っています。

日常生活のなかで誰かがあなたに「好き」とか「嫌い」といっても、その言葉自体に左右される必要はありません。相手の言葉によって、中心の「あなた」まで動かされなくていいのです。当然ですが、自分の頭の中に湧き起こる「思考」にも動かされなくていい。それも言葉だから。あなたは、言葉の制限を超えた存在なのです。

言葉のられつに過ぎない思考を全面的に信じ、取り込むことによって、あなたは敵や味方をつくってきました。それはリアルな現実ではないし「瞬間的な反応」に過ぎません。毎瞬毎瞬、事実は変わります。言葉の解釈に頼っていては全体の真実を見逃してしまうのです。

「あなたなんか大嫌い！」をまともに聞いてはいけないのです。ましてや「私も大嫌い」などと反発して言葉にしても意味がありません。あなたは他者と自分と、その両方の言葉にだまされてしまうだけです。

「これは怖い」「これは無理」とあなたがいってしまったら、あなたにこの言葉がつきまといます。口にする言葉は、あなたから宇宙への決意表明のようなものです。本当は可能なことを、わざわざ言葉にして無理にしてしまうのです。次の瞬間に別の可能性が来ていても、あなたは変化する用意ができない、あるいは変化したくないと思うのは、あなたがその言葉を信じて、その言葉とともに共倒れになっているからです。思考や言葉は、あなたの現実ではなく、あなたは常にそれを超えた存在です。今この瞬間を、以前と同じ考えの言葉で語ることは、新たな可能性を閉じてしまい、今この瞬間という一期一会の存在をわからないようにしてしまうのです。

ある日のあなたが「肉料理はおいしくない！　だから嫌い！」という言葉や思考を発して、自分がそれを信じ切ってしまうとき、ずっとその後もその言葉にだまされ続けます。おいしくないと感じたフィーリングは、その日だけかもしれないのです。もしかしたら、今日は肉料理がおいしいかもしれないのにチャンスを逃してしまうのです。言葉にだまされ続けているから、現実が楽しめないのです。

そんなとき、今までと同じ言葉を使わずに、新たな言葉の使い方をしてみるのです。「肉料理をおいしく感じる自分になる！」という言葉に変えてみればいいだけのことです。

昨日の思考や言葉にだまされてはいけません。信じてはいけません。今日の言葉も握りしめないようにしましょう。たんなる概念なのですから。言葉はもともと「仮想概念」に過ぎず、あなたがいのちを吹き込まなければ作動しない機械なのです。

明日はどこからやってくるのか？

あなたは明日という得体のしれないものが、一体どこからやってくると考えたことがありますか？　どこから生じているのでしょうか？　スタート地点はどこなのでしょうか？　明確に答えられますか？　あなたが明日というものを本当に体験したことがあるのなら、答えられるはずです。

なんとなく漠然と「向こうからやってくる」感じでしょうか？　あるいはあなたが明日の方に向

かって進んでいく感じでしょうか？　あるいはいきなり目の前にボン！　と出現する感じでしょうか？　これらは全部「頭」が思う明日のイメージです。時間軸に沿ったイメージから考えた、概念上の明日です。

さて、実際のところ明日はどこからやって来るのでしょう？　もうすでにわかっている方もいらっしゃるはずですが、明日という状況は「この肉体細胞の中心」から出てきます。中心の「真空」の部分からエネルギーとして、いのちとして生まれてくるのです。そこは「空」です。よく考えてみると、明日という具体的なものはこの宇宙のどこにも存在していません。要するに、今という瞬間からエネルギーが次々と生まれているだけの状態に、ただ区切りをつけて明日と呼んでいるだけなのです。

今のところ明日は細胞の中心の真空にとどまっています。あなたが明日だと決めたまさにその瞬間に、この3次元に生み出されます。あなたの肉体から生まれてくるのです！　あなたの好きなイメージどおりに生まれてくるのです。

このイメージどおりという表現ですが、フィーリングとしてイメージどおりになるという意味です。至福で静かな感覚なのか、嫌な感覚なのか、悲しい感じなのか、あなたが描いたイメージの波動のままに次の瞬間や明日が生まれます。今という瞬間、細胞の真空から次なる瞬間や明日が誕生してくる。今この瞬間という「産道」を通って、明日という子供が生まれてくるのです。ですから今この瞬間という「産道」を、満ち足りて楽しいフィーリングにしておくだけで「次」も「明日」も満ち足りて楽しい子供として生まれてきます。あなたが明日という現実の「養い手」であり「親」です。あなたの細胞の中心にある「真空」から、どんな形にでもなって生まれてくれます。明日の宇宙は、あなたが養っているのです！

これは、すごいことだと思いませんか？　そしてすごく自由だと思いませんか？　実際に起きていることはこれだけのことなのです。明日という現実は、あなたなしでは形として誕生できないのです。明日は、あなたがいないと困るのです！　明日は、あなたを頼りにしています。あなたのイメージや、あなたの意図や決意が、明日にいのちを与えているのです！

あなたの解釈・信念

「人生好きなように生きればいい」といわれると「家がほしいからお金を貯める」といったりする人がいます。「え？　あなたは『今』お金を貯めることがしたいの？」と聞くと「家を買う目的のために『今』は我慢して貯めるしかない」と答えます。「え？　『今』を我慢したいの？」と聞くと「我慢したいわけじゃないけど、しかたがないでしょ」と答えます。

実はここにその人の解釈があります。「目的を達成するためには『今』を我慢するしかない」という解釈を握りしめて信じきっているわけです。まったく疑うこともありません。その人がほしいのは最終結果や目的のゴールであるのに、途中のプロセスや手段をもわざわざ考えているのです。プロセスや手段を考えるということは、それが最終目的なのだと宇宙に宣言するようなもので、プロセスや手段ばかりが実現化していきます。

「今は我慢しないと……」という思いが「今は楽しくない」というプロセスを現実としてつくるのは当然です。「今楽しんでいたら、あとからマズイことになる」という解釈を持っているかもしれません。そんな信念や解釈を持っているのだから、それを証明するような現実体験をするに決まっています。

「この世には急に災いが降ってくることがある。いざというときのために対策を練っておかないと」と思っていれば、その人にはそのような体験がやってくることでしょう。「もっとがんばらないと、これから先暮らしていけない」と信じることによって、本当に暮らせない人生になっていくでしょう。

ある知人がいます。「親が今病気で、これから先かなりお金が必要になると思う。この仕事だけではやっていけないから、何かビジネスをしようと思う」と。「今」親御さんが病気なのは事実でしょう。しかし回復に向かうという可能性については全然フォーカスしていないのはどうしていけないということも自分で決めつけてしまっています。全く自動的に無意識にそう思いこんで、口に出し「そんな現実を今からつくります」と宣言してしまっているのです。すべて本人が信じてしまって、しかも口に出して宣言までしているのです。今この瞬間、何も決まっていないのに！

「ああ、今はもうなにをいっても聞いてもらえないな」と途中であきらめながら「どうして知人からこんな話を聞くという現実を自分が引き寄せたのか？」と、私は自分に問いかけました。どんな現実も自分がつくっているからです。

そしてわかりました。私の口を通して「現実ってそうじゃないわ！　考え方を変えればいいだけ！」といわせてもらえたチャンスだったのです。相手を鏡として、私は宣言をさせてもらえたのです。私はもうそんな体験は選ばないし、違う体験に向かうのだとはっきり決意表明させてもらえたチャンスだったのです。意図するだけでも充分ですが、口に出すことはより強力に現実をつくっていきます。

現実は最終結果

あなたの目の前でたった今起きた現実、目の前の一瞬のできごと、これは「思いの結果」です。「あ！」といった時点で結果になっています。すでに現実が起きてしまったのです。あなたによって認識されて観察された時点で、その現実はフェードアウトし始めます。あなたの思いや意図は形になった段階で、それはすでにもう結果です。終わった。済んだ。終了した。ジ・エンド。とにかくもう終わってしまって、次のできごとが生まれつつあるのです。

たとえばいきなり目の前に降って湧いたかのように見えるできごとは、その瞬間をもって終了したのに「今始まった！」という勘違いの解釈で受け止められてしまうのです。離婚、リストラ、破産、病気……。これらは3次元において「現実化」したとたん、もうゲームセットです。現実的に、あるいは物理的に現象が起きたときがピークで、それはもう終わったことなのです。「彼と別れちゃった」とつぶやく女性の言葉の裏には「別れという状況が今スタートした」というニュアンスが含まれていることに気がつきませんか？　しかしこれは逆です。「別れ」という状況がつい先ほど表面化して終了したのです。

忘れてはならないことは、すなおな感情をきちんと受け入れて、感じて、それを滞ることなく流してしまうことです。感情を受け入れ、感じて、初めて本当のリセットになるのです。

同様にお金がゼロになったのなら、それは「済んだ、終了した」ことであることに気づいてください。「ゼロが始まった」のではありません！ 「破産が開始された」のではありません！ 表面に起きた段階で全部終わろうとしているのです！

今のあなたの目の前に広がる現実的結果や状況がどんなものであれ、それ自体があなたを不幸にしているのでもなければ、あなたの人生を邪魔しているわけでもありません（そう思うのはあなたが勝手にそう解釈しているだけです）。どんないいわけをしても、あなたがこの現実結果をつくった張本人です。他に誰もあなたの現実をつくる神はいません。まずそのことを認め、その責任はすべてあなた自身にあるのだと認めてください。

嫌な現実に思えても、あなたがつくったという事実から逃げないでください。あなたがそんな現実になってしまう可能性があるのだと、どこかであっさりと信じたのです。あなたがそう信じて選択した現実なのです。それにもかかわらず他のなにかに責任転嫁する限り、あなたは自分の人生の創造主の座を他に譲っていくことになります。

あなたが真に望む現実を引き寄せるためには、今までのすべてはあなた自身がつくってきたのだということを明確に認めて自覚することから始まるのです。今の目の前の状況は、すべてあなたの創造物です。その責任を認識してください。そうすることで、あなたのもとへあなた自身の創造のパワーが戻ってきます！ そして、そこにあるすべての現実結果が大切な価値あるものとして実感できるようになっていくのです。

あなたが真に望む現実をつくれないたった一つの理由、それはあなたが「心のドア」を閉じたままだからです。そのドアには「拒絶と拒否」という名前がついています。目の前の結果をいったんつくっておきながら、あなたは拒絶というドアを用意して結果を受け入れず、通過させず、終了させないままでいるのです。

この3次元の物理空間においては、異なる現実が同じ瞬間に同時に体験することはできず、古い結果が終結しない限り、新たなほしい現実をつくれません。貧困と富裕は同時に体験できません。新たな望む現実に移行したいのであれば、古いものを通過させていくことを拒絶・拒否しないでください。つまり心のドアを開くことです。「拒絶と拒否」という「対立」のエネルギーは、古い集合意識の特徴です。このような対立エネルギーが今も地球上に溢れています。そこから無益な戦争も引き起こされたりします。しかしその古い集合意識と対立し、それを拒否し嫌うことをしていては、ますます対立エネルギーが強くなり、結果的にそのような現実状況を外につくり続けることになるでしょう。

あなたにとって、もうこの拒絶・拒否のドアは必要ありません。目の前につくった現実結果の方はあなたを愛しています。今、あなたのまわりに引き寄せている創造の結果のすべてがあなたを愛しています！　後はあなた自身がドアを開けるときです。目の前やまわりのすべての結果を、まるごと全部愛し祝福してください。

恋愛と自己否定

今のところあなたが愛しているのは、まるごとのその人ではなく、その人からもたらされる気持ち良さや快感だけではないでしょうか。あなたはその人をスイッチとして、自分の中に湧き起こる快感が好きなだけなのです。その証拠に、他の嫌な感情をあなたの中に起こす場合、あなたはその人を拒絶してしまうのではありませんか？

本当にその人を無条件にまるごと愛するとはどういうことでしょうか？ それはその人の「あるがまま」をすべて受け入れ、心から祝福することです。そこには当然その人の変化を喜んで見守ることも含まれます。そして最も大事なことは、あなたの中に湧き起こる「その人への正直な反応」のすべてを受け入れて祝福するという、自分の人格への無条件の愛も忘れてはならないということです。

「さみしいし、つまらないからパートナーがほしい」「老後が不安だから」「私には価値がないからパートナーがいると安心」などといった思い込みが動機になっていたとしたら、あるいはそのような信念が隠れているとしたら、その考えのとおりに現実がつくられます。さみしくて、つまらなくて、不安で、自分に価値がないと感じるような現実がつくられます。たとえ形のうえでパートナーを手に入れることができても、そのように感じさせられるパートナーを引き寄せてしまいます。

恋愛相手や友人というのは、必ず自分自身を鏡のように見せてくれるものです。あなたが自分の中の何かを否定していたら、必ず相手がそこを映し出してきます。相手に気に入られようと無理な小細工をしたり、相手を自分の好みに仕立てあげようとコントロールしたりすることは、逆に二人の関係を混乱させます。自分自身が根本的に同じままではなにも解決にならず、いくら相手を変えても同じ問題が浮上するのです。自分自身があなたの内側がすべて愛され、統合されることによってのみ、**相手とうまくいくという外側の結果**が訪れるのです。あなたという「空」が、あなたの**本当のパートナーである肉体人格を無条件に愛する**ことによってのみ「統合」が起こり、結果として恋愛相手とも統合が起こるのです。あなたの中で起こることしか、外側の現実には起こりません。

肉体の人格を無条件に愛するということは、肉体の行動や振る舞いのすべてをただ受け入れて祝福することです。肉体の中に浮上する感情反応のすべてをただ受け入れてお祝いすることです。肉体の中を通過する思考や想念のすべてをただ認めることなのです。

自分自身を「条件をつけて愛する」方法しか身につけてこなかったために、最初はどうしていいかわからないかもしれません。しかし「なにがあっても、私は私を愛し続ける！」と決意してください。あなたが自分にあれこれと条件をつけていると、パートナーにもそれをしたくなります。条件付きで愛されてきたあなたは、それしか方法を知らなかったからです。

最初に**「ただ生きているだけではダメ」という自己否定がＤＮＡレベルで入力されている**ことを思い出してください。それは単なる概念、観念であり、生命や存在に対して非常に不自然でゆがんだ概念です。これからは本物の愛を育む学びの体験が待っています。まず自分に。そしてパートナーにも、本物の愛を育む学びが訪れるのです。

思考中毒

いのちに言語は必要ありません。あなたという存在は、言葉によっていのちがあるわけではないのです。社会の一員として、他者とのかかわりの中において、言語は不可欠です。かかわりの中でのみ使うものとして受け止め、一人のときにはあまり使う必要がないものだということを知ってください。一人のときでも言語は頭の中でしゃべります。もちろん口に出して独り言をいうかもしれませんし、頭の中でひっきりなしに言語が繰り返されることもあるでしょう。

もしあなたがその言語や思考をさらりと通過させることができないなら、あなたは狂いはじめているといえます。思考や言語への執着はそれらの暴走状態を生み出します。思考や言語はあなたが自由に使いこなすか、使わないならそのまま通過させるものであり、言語に振り回されて疲れてしまうのは本末転倒なのです。

私たちは思考することや考えることに関して充分過ぎるほど学び、使いこなしてきました。しかし必要がない時には思考を通過させることも学ばなくてはなりません。異常なまでに考えることが癖や習慣になり、考えていないと不安なのかもしれません。これは中毒です。まずそこに気づく必要があります。一人で静かにいるとき、なんらかの不愉快な感情やフィーリングが湧くのが怖くて、それを感じないために頭を忙しくして思考でごまかしているのです。

私もかつてはそうでした。一人でいるとき、本を読んだり、テレビを見たり、買い物のことを考えたり、とにかくなにかするか考えていないと落ち着かなかったのです。無意識に自分で自分をごまかしていたような気がします。同業の友人から「瞑想と呼吸法は絶対にいいよ！」と何度勧められても「そうかも」と答えるだけで、なかなかトライしませんでした。妙に怖い感じがあったのです。

静かに瞑想をしたり、呼吸法をしたり、ただなんとなくじっとそこにいるだけの状態を快く受け入れられない場合は、確実になんらかの中毒になっている可能性があります。

自然界は、すべてのバランスを整えるように働きます。動いたら休むし、熱くなればクールダウンします。縮んだら伸びます。上がれば下がり、暗くなれば明るくなるのです。ですからただ静かにそこにいるだけの状態も、とても大切なのです。私自身も最初はなにもせず静かにしていると、頭の中がざわつきました。「なにかしていないともったいない」「なにか対策を練っていないと問題が起きないか？」「ただ休んでいるなんて10年早い！」など、いろいろな思いが湧きあがってきて驚きました。

イライラや落ち着かないフィーリングたちの声は、責め立ててくるようなものが多く、私もついついその責め立てる声に従い、責め立てられないように動きまわっていたのです。ただ静かにそこにいるなんて、とてもできませんでした。しかし呼吸法にトライし、イライラや落ち着かないフィーリングから逃げずに向き合っていると、そのうちそれらは私を責めなくなり少しずつ穏やかになって消えていきました。

それらのフィーリングに闘いを挑んだり、抑えつけたりせず、心を開いて受け入れるようにするだけでいいのです。イライラや落ち着かないフィーリングは単なるエネルギーですから、ただ祝福してあげると気持ちよく流れてくれます。思考やマインドや落ち着かないフィーリングに気づくことは、あなたが心静かに淡々と過ごしているときにしかできません。思考やフィーリングに淡々と気づいてあげているとき、思考に飲み込まれて中毒になったり、振り回されたりすることは起きないのです。

思考が暴走せず、あなたの頭が「ただ存在している」という静かな状態のとき、じつは肉体が最もパワフルに充電された状態なのです。それは最も高次で、最も高周波で、最も鋭敏で、最も生き生きしているのです。

なやみは「裁き」から生まれる

苦しみが生じるのは、必ずそこに「頭による裁き」が入ってくるときです。どちらかを「マズイ」状態と信じているからです。ですから自分を裁くか、相手を裁いて苦しむのです。そこには必ず一方的な物差しがあります。この裁きの物差しはいったい誰から教わったものなのでしょう？
たとえば明るい性格を良いものとし、暗い性格を悪いとする判断は、他人から教わったものです。これはかなり暴力的な裁きです。明るい、暗いと比較すること自体が悪いのではなく、比較して「裁く」ことが苦しみになるのだといっているのです。暗さ自体は悪いことでもなんでもありませんので、その感覚を受け入れていれば自然に抜けていきます。にもかかわらず暗さを悪者にして否定するため、エネルギーがストップされて循環しなくなるのです。その人が暗く見えるのは、暗い性格だからではなく、感情エネルギーがまわっていないだけのことなのです。まして暗い性格だけしか持っていない人など、どこにもいません。

暗さはダメ、落ち込みはダメ、この「ダメ」が「ストップ」ということです。ダメと思うだけで、エネルギーが止まり、いつまでも生き生きできないことになります。

他者との比較ではなく、自分の中だけの「比較による裁き」もあります。過去と今を比較し、どちらかを裁く。未来と今を比較し、どちらかを裁く。という自分自身の比較による裁きです。

「昔は良かったのに、今の自分がおかれている環境はダメだ」という裁き。「いつか必ず未来はこうあってほしいなあ。でも今の状態は最悪だ」という裁き。裁いたものはもっと強くなっていくだけです。なぜなら裁くということは否定することになるからです。「NO！」ということですから、その状態のエネルギーに「ストップ」がかかるということなのです。宇宙（現実）の循環にストップがかかるということなのです。

どんな状態も状況も、ただすなおにあるがままで感じ、受け入れていくと、循環し流れていきます。裁いてストップをかけるから、その状態が止まるのです。現実も状況も全ては単なるエネルギーです。

勘違いをしないでいただきたいのですが、たくさんの否定的な考えや裁く思いを持っていることと、その人が本質的にダメであるということはまったく別のことです。

第5章

全てはあなた自身で、あなたを超えるものはない

Chapter5

幽霊も自分の人格

あなたは物理的なボディ（肉体）だけではなく、もう少し細かい波動のボディも持っています。エーテル体とかエーテルダブルと呼ばれ、肉体の設計図・青写真の役割をするボディです。物質体（肉体）を形成するので、形成体ともいいます。

トカゲのしっぽが切れてもまた生えてくるのは、このエーテル体があるからで、その青写真のおかげで同じようなしっぽがまたつくりだされます。エーテル体は肉眼では見えませんが、人間や動物や植物など生命あるものには必ずこのエーテル体があり、物質体を貫通してその近くに重なっています。これはオーラの層になっています。いろいろな病気が肉体に出る前に、このエーテル体に先に症状が現れます。

幽体離脱という言葉を聞かれたことはありますか？　幽体とは、アストラル体ともいい、エーテル体よりもさらに細かい波動のボディのことです。これもオーラです。幽霊は肉体もエーテル体も持っていません。しかし幽体は脱いでいません。この幽体は、自我（エゴ）であり、感情や欲望をつかさどります。私たちが幽霊と違う点は、彼らの上にさらにエーテル体と肉体を重ねて持っている状態にあることだけです。肉体と幽体を分離することを幽体離脱といいます。

私も体験したことがありますが、夜中に目が覚めたので「今何時かしら？」と上半身を起こして時計を見ました。明け方の4時15分です。そして「まだ寝ていられる」と上半身を横たえようとしたその瞬間「あ！」と驚きました。私の肉体が目を閉じたままで横たわっていたからです。一瞬なにが起きたかわからず、しかし自分の肉体と一体化しないとまずい気がして、意識のあるほうの自分をそっと肉体に重ねるようにして横たわりました。その後は眠ることができませんでしたから、夢ではありません。この一件で「自分は肉体ではないのだ」という確信が持てました。

さて、類は友を呼ぶということわざどおり、同じ周波数や似たもの同士が自然に集まるのが自然の摂理です。海の波間のゴミを回収する人は「不思議ですが、瓶は瓶で、紙は紙で、ゴミでも同じタイプのものが同じところに集まっているのです」といいます。ですからもし誰かが幽霊を見たり感じたりするなら、それは自分と同じ何かを持っているということであり、しかもあなたが受け入れられないで拒絶した自分の一部分だったりすることがあるのです。自分の人格の一部なのです。どんなに「あんな気持ち悪いものは私ではない」といったところで、縁があるということは、その気持ち悪いものと同じ人格（幽体）を持っているからだといえるのです。

どんなに幽霊を形のうえで浄霊・除霊しても、あなたが幽霊を理解し、受け入れて、統合してあげないかぎり、幽霊は成仏できません。プロの霊能者の方は、そこをよく理解されている方でなければ、幽霊を完全に成仏にまで導くことはできません。

もしあなたが幽霊を見たり、かかわったりすることが多いなら、何も霊能者に頼まなくても、あなた個人で彼らを成仏させてあげられます。なぜなら自分の一部なのです。精神科の先生の中にも同じことを述べている方がおり、心強いアドバイスではないでしょうか。

個人的な話ですが、もう5～6年前のことです。私の仕事内容をある有名雑誌に記事として掲載されたことがあり、それを見た一人の女性がカウンセリングに来られました。

最初に彼女を一目見たとき、なぜか非常になつかしい感覚があり、初対面とは思えず「どこかでお会いしていますね。前世のときのつながりでしょうか？」と二人で同じ感想をいい合ったほどでした。そして彼女が何回目かのカウンセリングに来られたときのことです。左目が痛いとおっしゃったのです。フト見ると、彼女の左横に「落武者」が立っていました。もちろん肉体ではありません。鎧をつけて、ざんばら髪で、血も少し流して……。

それなのに私にはあまり怖い感じがしないのです。私は彼女の話よりも、彼の方に気持ちが奪われ「なぜ彼女のそばにいるの？」と心の中で問いかけました。瞬間的に彼から答えをもらいました。古い戦国の世において、彼が戦死したあと無縁墓地に葬られたようで、その無縁墓地のお世話をしていた尼さんというのが、今現在の彼女の前世の姿だったのです。私はさらに彼に聞きました。

「それはよくわかりました。しかしなぜ今も彼女のそばにいるのですか？」

落武者がいいました。

「とても悔しいのです！　戦死はただの犬死でした。自分たちは敗北し、すべてが無に帰し、自分が戦った功績は誰にも認められることもなく、誰からも感謝されず、褒められず、なんの実りもなく、本当に悔しい！　死んでも死にきれない！　私のしたことはなんだったのか！　せめて尼さんには、この口惜しさと屈辱をしっかりとわかってほしい！」

私にはその口惜しさが痛いほど理解できました。なにも成果を得られず、誰にもその努力とがんばりを知られることなく散ってしまった彼のやるせない気持ちがひしひしと伝わってきたのです。私は心の中で彼にいいました。「私がわかってあげるだけではダメなの？」と。その瞬間のことでした。シュッ！　という音とともに、落武者の姿はまさに上に昇って消えたのです！　あとかたもなく消えたのです。まるでロケットがシュッと上がったときのように上昇して消えたのです。同時に「あ！　左目が楽になった」と目の前の女性がいったのです。

この一連のできごとを通じて、少し年月が経ってからではありましたが、私の中で腑に落ちたことがあります。その落武者は、私の過去世の状態だったということです。

私は昔からとにかく敗北が大嫌いで、勝てないくらいなら初めからチャレンジしないほど負けず嫌いでした。まさに落武者の彼とまったく同じような性格だったのです。自分が成し遂げた功績や成果を他者に認めてほしがるところも彼と同じでした。

性格や人格は、その人の本質でもなんでもないのですが、そんなスピリチュアルなことが理解できない時代の私にとっては、その負けず嫌いの性格は、手に負えない嫌なものとして私自身が抑圧していたのだと思います。

私がそのくやしさや、やるせない気持ちを認めて共感してあげたことで、私は私の過去の人格を統合・融合できたのです。

もしあなたが幽霊を見たり、取り憑かれたりしているのなら、それがどんな姿であってもあなたの人格の一部です。あなたによって愛し、受け入れるチャンスなのです！　どんな妖怪も悪魔も、あなたがつくり出しておきながら拒絶し、抑圧してしまった部分の現れに過ぎないということなのです。

占い師・霊能者・チャネラーの限界

どんなにすばらしい運命学も、統計学も、占術も、あなたの決意を上回るものはありません。どんなにすばらしいセラピストも霊能者も、あなたの決意を上回ることはできません。なぜならすべては「あなた」から生まれたからです。あなたがそれを使わなかったら、なにもあなたに影響しません。ピタゴラスがいった、宇宙の第一原因である「空」から、時間も空間も……すべての次元が生まれたのです。つまりあなたという「空」は今も時空間を生み出し続けているのです。それを忘れてしまうから占い師や統計学やチャネラーのいいなりになるのです。幅広い見方のためにもアドバイスを受けることは必要ですが、決めるのは「あなた」です。時期、季節、場所、方角、そういうものの統計によって、あなたが振り回されることは本末転倒です。いみじくも、統計学を専門に研究されている某有名大学の教授の方がおっしゃるには「統計学ほどあてにならないものはない」とのことでした。統計学を突き詰めた方ならではの説得力のあるお話です。

あなたがあなたの宇宙の王になって、なにかを決意、意図するとき、それに応じた時期や場所や方角などがサポートをしてくれるのです。自分を条件なしで丸ごと愛するなら、あなたの直感だけですべてが整います。外側が整うから、あなたのなにかが良くなるわけではありません。クリスタルをいくら買い集めても、どんなに効く護符を持っても、あなたの内側が同じなら、なんの役にも立ってはくれないでしょう。ただの自己満足で終わります。ごくまれに、純粋に信じたことから、願ったような結果が起きますが、長くは続かず、あなた自身に自信をもたらすことにはなりません。

あなたが現実創造の主人です。
あなたがルールであり、あなたがキングです。

このことを伝えるのが、占い師やチャネラーや霊能者の本当の役割なのです。「〇〇しなければ大変なことになる」という「条件」や脅しに惑わされていては、いつまでも自分で人生をつくれず楽しめません。

まだまだスピリチュアルということを表面的にしかわかっていない人が多いことも事実です。「え？」と思うようなセッションのメニューを最近はよく目にします。「宇宙とのつながりを取り戻す」「〇〇の女神とつながるヒーリング」「〇〇の天使のパワーとつながるアチューンメント」などの類です。もう、おわかりかと思いますが、皆さん全員がすでに万物とリンクしています。ただ忘れているだけなのです。ですからあなた自身が「あ、つながっている」と思うだけで、そこが活性化していきます。これが内幕です。その程度のヒーリングならなんらプロの助けは必要ありません。

あなたはどことも離れていないし、なにとも離れていないし、どんな存在とも離れていません。

あなたの中に万物のデータがあるからです。もとはといえば**あなたという「空」が天使や女神たちを創造した**のだということを忘れてはなりません！　こんなことをお伝えできる時代が来たのだなと、うれしくなります。

東洋の占いでいう「空亡」や西洋占星術の「ボイド（空）」というものにも誤解があります。「空亡」や「ボイド」のときになにかをしないほうがいいとか、正しい判断ができない時期とか、まるで悪者扱いされているようですが、真逆です。とても自由な時期ということですし、なんの縛りも受けにくい時期ということなのです。占い師自身も先生たちから習ったとおりにそのことを疑いもせず信じて、そのままお客様に伝えていますが、あなたまでだまされなくていいのです。


あなたは王様になりたいですか？

それとも奴隷がいいですか？

王様と奴隷の違いはなんでしょう？

本物の王は「みんなに与える人」であり、奴隷は「もらうことだけを考える人」です。

私たちは長い期間のうちに、奴隷の思考パターンがクセになってしまいました。ほしがるクセです。情報や知識をほしがり、お金をほしがります。もとは王だったあなたが、奴隷のふりをして、その気持ちを理解しようとしているうちに、すっかり本物の奴隷になってしまったのです。

もう王に戻る時です。みんなにも与え、提供することを考える人が王です。あなたの中の王の本質を思い出し、あなたの王国を取り戻して、王国をつくりなおしましょう！

多次元の情報が記憶になっている

あなたという「空」は、人間の肉体をつくる前に、他にもずいぶんたくさんのボディ創造をして、それを観察し、実感体験してきています。この物理的3次元ではないところの時空間を開いて、人間肉体ではないボディの体験もしてきているのです。その記憶は、今現在の肉体細胞の魂という記録器の中に残っています。魂とは、あなたの感情的な体験の記録器のことなのです。記憶のデータのことなのです。魂の役目はたくさんの経験データを記録しながら増やすことにあります。

あなたは本当に地球外生命体を体験していたこともあるし、あなたが想像しうるかぎりの異次元生命体をも体験してきています。そうでなければ、イメージすることさえ不可能なのです。しかし今のあなたは、そのときの記憶を封印しているかもしれません。

前世とは、なにも地球だけに限ったことではありません。地球人以外のときの傷やトラウマは、地球人としての人格にも当然ながら影響します。ですからどんなにたくさんの前世療法やリーディングを受けても、もっと昔の他の惑星におけるトラウマが根本原因なら、魂の傷は解決しません。この宇宙は**多次元的なホログラム**であり、あらゆる生命体の体験や、過去も未来もすべての時間的流れが含まれています。あなたに必要な情報はすべてこのホログラムに含まれ、貯蔵されており、そこは「あなた」という「空」の**全情報が外側へ反射された空間**なのです。

あなたという「空」の内側には、すべての夢やファンタジーの概念も含まれています。死後の世界のイメージや、天国のイメージも、単なる概念として含まれています。今も昔も「死後世界」に関する描写の本が数多く出版されていますが、それらは著者の勝手な個人的な真実でしかありません。あなたはあなた独自のファンタジーを選んで、あなたの時空間に投影して描けばいいだけです。あなたの見たいように見ればいいのです。**すべてのファンタジーが、概念の上で（観念として）真実**だからです。

さて、他の惑星や別次元での経験は、今のあなたの肉体にもしっかりと記憶されていますから、その情報に気づいて、そのプログラムをほどき、今の肉体から通過させて手放す必要があります。完了させるのです。この多次元の傷を癒すことで、今回の地球人生の課題を、より楽にスムーズに扱うことができていきます。

この銀河系の惑星における癒しは、これからが本番です。ようやくですが、多くの一般人の方にとって、前世という概念が普通になってきました。後は他の惑星の前世（？）の話も、今後はますます一般的になっていくことでしょう。ただし人間（ボディ）ではない時の傷は、かなり深刻なものが多いと感じています。地球での前世を癒す場合よりも、少し大変かもしれません。

私自身、何度もリアルな宇宙戦争の夢を見て、本当に怖かった時期があります。そんな内容をまだ誰からも教わっていないころに見た夢です。私はＵＦＯとか宇宙人の映画や話が大嫌いでした。今思うとそこにはちゃんとした理由があったのです。

チャネラーの友人の何人から「あなた、ひとつの星をまるごと破壊しちゃっているわね」といわれたことがあり、何となくそれは思いあたるのです。直感でつけた私の仕事の屋号にも「スター（星）」が入っています。以前私の身体の中に、急に破壊的な気持ちが湧いてくることがあり、それが単なる記憶のデータだとは知らない頃でしたので、ずいぶんと苦しみました。極端なたとえですが、おそらく、テロ行為をする人も同じではないかと思います。その人の肉体に、破壊的な考え（情報）が入力されているとき「わが思い！」と勘違いします。そしてその思い（情報）のままに操られ、破壊行為をしてしまうのです。

このようなケースのとき、あなたはあなた自身が「空」という観察意識であったことを思い出すことが助けになるのです。あなたは観察意識であり、いろいろな情報をボディに入力したプログラマーの側なのですから、それは逆にいうと、情報を解除できる側でもあるということなのです。

過去のプログラムや、それが原因となった感情的なトラウマに気づき、ただそれを優しく受け入れていくとき、傷のエネルギーが解放されていきます。すると、それはもう単なる機械的な記憶データとしてしか残りません。「そんなこともあったな」くらいの記憶になります。傷を癒すために、いちいち感情にどっぷり浸りきる必要はありません。シンプルに、ただ「データなのだ」とわかっていればいいだけです。もし必要以上に感情に溺れたいのなら、それは各自の趣味です。どちらにしても、あなたは「空」という観察意識の立場を忘れずに、中心を保っていてください。

足りない「火」の要素

火の要素が「頭」に昇っている人が多過ぎるようです。マインドや思考や雑念にばかりエネルギーを使うので、頭で「火」の要素が使われてしまい、肉体全体に、特に下丹田の部分に「火」が回らないのです。すると願望達成への情熱が湧かず、実行への決意もできなくなります。頭は淡々と「静」であってほしいのです。クールダウンさせてください。頭は情報の解析をする役割なので、クールダウンした頭になればなるほど、生への冒険心が湧いてきます。すると、自然に願望や欲求が出やすくなります。

あなたの望みも願望も、感じて知るものであり、考えて出てくるものではありません。肉体が持つ「感じる」という能力が、マインドばかりを使うことでダウンしている人が多いのです。マインドや思考が、あなたの夢や願いを抑圧し、逆にわかりにくくしています。感じにくくしているのです。

「私の夢？　うーん、なにかなあ？　わからないです。私はどう生きていったらいいのでしょうか？　私の使命はなんですか？　私にはどんな役割がありますか？」という思考回路になるわけです。誰かに聞くということになるのです。あなたは、もともと生きる情熱や、経験への情熱を持っているはずです。それが「わからない」のは、頭で考えてばかりいるからです。

頭はいらないのです。感じることでしかあなたの願望は理解できないのです。見えてきません。とにかく頭をクールダウンさせ、肉体のパワーを上げてください。そのためにも呼吸が大切です。

生理学的にいうと、**ヘソや丹田のチャクラが開いている人ほど宇宙と一体化できるので、おのずと不安や恐怖が減っていき、マインドや雑念とは無縁になっていきます。**ヘソや丹田を開くには「呼吸」が一番です。深くてゆったりした呼吸です。ヘソや丹田が開いていない人ほど、宇宙や人生からの分離感が強くなって、恐怖や不安が強くなり、生への情熱や欲求が薄れていくのです。柔軟で、エネルギーが循環する身体を目指してください。

万人に共通する恐怖とは、突き詰めれば「生か死か」という選択の瞬間にあると思います。死への恐怖をきちんと見据えた上で、それでも「生」を選ぶなら、私たちは真にスピリチュアルな生き方をしているといえるでしょう。スピリチュアルな生き方とは「生」への情熱を呼びさまし、それを喜び祝福する生き方のことだからです。「生」への情熱、好奇心、衝動を封じこんで、その代わりに安全策や妥協を選ぶとき、あなたはその段階ですでに「死」を選んだことになります。あなたは自分自身の人生を生きたくないと決めたことになるのです。それはあなたが人生も宇宙も信じていないということの証明です。

感情的なぶつかり合いを恐れて孤立を選ぶ「独身者」、自分のハートを開く勇気がなくて、次々と相手を変えてお手軽に行きずりの恋愛ごっこを繰り返す「ラブ・ハンター」、その方が得で便利で都合がいいからと結婚を維持するカップルたち……。彼らは自分自身を生きようとしていないのです。それでは死んでいるも同然です。

ワクワクする「生」の変化の中に生きないのなら、あるいは自由を選ぶ情熱がないのなら、それはもう死んでいるようなものなのです。そんな生き方では最終的に美しい肉体の滅びが訪れるはずもありません。

あなたは、過去世において、何度もこのような死に際を迎えてきたのではないでしょうか？今回の人生こそ「生」を貫く意思で肉体を持ったはずではないですか？　宇宙も人生も決してあなたを妨害しません。どうぞ信頼して「生」を選んでください！

とっておきの秘密

楽しい考え（夢や願望の決意）も嫌な考え（恐怖思考）も、あらゆる思考はあなたの「頭」が考え出しているのでもなければ、つくり出してもいません。「頭」というバイオコンピューターは、情報を取り込んで解析しているだけです。頭は単なるマシーンであり、なんらかの情報を入力しプログラムを入れるための容器です。では、その情報（思考）は一体どこから発生し、どこからやってくるのでしょうか？　それは全体の叡智「空」からです！

願望や欲求があなたという源泉から水の波紋のように外側へ広がり、やがて波紋（周波数）がゆっくりしていくと、物理化し、具現化していきます。あなたが周囲に見ているすべては、この広げた波紋（願望や欲求）であり、あなたという「空」が中心、支点、束ねとなって成立させたものしか存在していないということになります。あなた以外の誰も、あなたの周りに現実をつくれません。あなたができごとの中心です。

この事実は本当に長い間人類に隠されてきました。一般市民がこれを知ってしまったら、統治者が困るからです。政治家、富豪、教会、神官など、権力を握る者たちにとっては最も秘密にしておきたいトップ・シークレットでした。占いや法則の本にも、あなたが「空」という観察意識であることは書かれていないでしょう。それは、書くと困るからです。このことがわかればノウハウ本は売れなくなってしまいますから。

しかしあなたがここまでのことを知って理解できていても、恐怖や不安に満ちた思考と100％無縁になることはありません。なぜならこの世界の中の誰かが、まだ古いプログラムにしばられ、操られたままだからです。その人たちから生まれる恐怖や不安という感情が、この世界中に向けて常に生み出され続けているからです。人類はつながっているので、あなたの肉体にも、その感情が流れてやってきます。しかも誰もその感情を祝福しないため、感情が硬く強固になったままで溶け去ることができずにいます。

そんなときあなたがそれを拒絶し、それと闘うのでは、今までと同じやり方で苦しいばかりです。あなたは自分の夢や願望を持ち続けながら、同時に、この恐怖と不安に満ちた考えを祝福してみてください。

とっておきの秘密があります！　**恐怖や不安というエネルギーは、それ自体が収縮する性質があります。**ですから恐怖や不安のエネルギーでコーティングされた思考もまた、それ自体が収縮しながら、勝手に消えていく性質なのです。その上、あなたが恐怖の思考に積極的に祝福をすると き、恐怖自体のエネルギーの質が変容してしまうのです。あなたの祝福する思いによって、どんなエネルギーも「祝福」という質のものに変わってしまうのです！　ですから必死になってがんばりなんとかしようとする必要がまったくないのです。カンタンでよかったですね！　私もこのことを知ったとき、本当に「やった！」と歓喜しました。

この秘密を多くの人が知っているようでいて、きちんと理解はしていません。喜びと祝福のエネルギーは、それ自体が拡大する宇宙の性質です。それが宇宙の摂理だからです。あなたが祝福の気持ちを感じていればいるほど、あなたは内面も外面も、ますます輝いていきます。

恐怖、不安、心配のエネルギーが、あなたの肉体の中にどんなに浮上してきても、ただそっと気づき「あ、あるな」という程度で眺めていてください。恐怖や不安自体があなたを攻撃してくるわけではありませんから、安心して見つめていてください。逆にあなたが、そこに向けて慈愛の気持ちを持ってあげると、彼ら（恐怖や不安）は、自ら気持ちよく消滅して光に戻っていけるのです。恐怖や不安を祝福し、あなたは「これを体験するぞ！」「こうするぞ！」という意思を全身にみなぎらせてください。

とっておきのアファメーションを書いておきます。これは実現化のマントラであり、あなたの願望を「ホップ・ステップ・ジャンプ」の３段階で口にする方法です。

Ａ「私は～がほしい」
Ｂ「私は～をすでに持っている」
Ｃ「私は～そのものである」
（※　～の部分は同じ願望内容になります。）

テープカットは祝いの儀

なにかを開催したり、オープンしたりするとき「テープカット」という儀式があります。今まで深く考えもせず、始まりのための儀式だとしか思っていませんでしたが、メッセージで「テープカットは、古きをほどくこと。これも祝いの儀である」といわれました。古い結びをほどくときに、自動的に新しい次元や新しい体験の開闢（かいびゃく）になるのです。

とにかく結ぶことだけがいいという思いこみから、縁結びばかりを願いがちですが、まずは古きものをほどくことが大切です。テープカットとは古きものをカットすること。これもまた「祝いの儀」なのです。結びやくくりをほどくとき、つまり恐怖による古い縛りや、もう意味がない縛りをほどくとき、あなたは新しい自由な身になれるのです。信念や思考の全てが「結び」や「くくり」の働きをします。しかも特に恐怖を土台とした信念や考えは、あなたを固く結んでいます。それは古いフィールド（世界）の特徴です。

私たちはなにによって縛られ、くくられているのでしょうか？ それは言葉やマインド、思考によってです。自由な光エネルギーは、解釈や考えによって鋳型のように固められます。もし言葉や考え方をはずされると、今の不自由な固まったエネルギーはどうなるのでしょうか？ 固まったエネルギーは、その縛りから解放されていき、本来の中立なフリーなエネルギー（いのち）に戻ります。光たちが、あなたという「空」のところに戻ってくるのです。中心が太くなっていくのです。つまりあなた自身の本質である「空」の要素、自由と喜びの要素が強く太くなっていくのです。今までの古いフィールドが悪いのではなく、結びを体験し終えたら、次は結びを全部ほどかないと、新しい世界が開かず新たな体験ができません。

結び、くくり、制限、縛りのすべてをいったん解いてはずすことが神になること。「空」に戻ること。自由になることなのです。自由になるということは、自分に不都合ななにかから逃げることではなく、不都合で不自由な考え方を解放することという意味です。これがテープカットです。

多くの人が不安だから、古いなにかにつかまりたがる……。同じ結びやくくりの中にいることで安心するのです。それが原因で、今までの社会のような古い構造世界をつくってきたのです。そこは恐怖でつくられた構造世界であり、みんなが恐怖を感じながらつくった社会でした。決してそんな社会が好きだからでもなく、楽しいからでもなく、とても不自由なのに、ただ怖いからという気持ちだけで、そこから出ることも考えられず、新たな一歩が踏み出せなかったのです。しかし、その古い社会構造は終わりを迎えます。あなたは古い結びやくくりの「テープカット」をして、自由と喜びの海原へ踏み出していってください。

古い港は、もう風前の灯火です。
では新しい港はどこにあるのでしょうか?

それは「あなた」という港です。すべての中心である「あなた」が港です。
新たな一歩は、ワクワクする各自の世界に向かうのです。
新たな一歩は、あなた独自のハートの思いから踏み出します。
新たな一歩は、他者の制限やコントロールに左右されません。
彼らは、昔の古い場所から動けないでいるだけです。
自分が動けないから、他の人の第一歩を許せないだけです。

あなた以外の他者が新たな一歩を踏み出せていなくても、あなたは踏み出してください。絶対に大丈夫です。新たな一歩は宇宙への信頼であり、しかも宇宙はあなたから生まれたスペースであり、あなたを愛しています。あなたの思うとおりに、スペースを開いてくれます。新たな一歩は、恐怖に基づく考えとのお別れであり、あなたを制限し、制約していたすべてとの決別です。あなたはようやくここまでやってきたのです。新たな一歩の向こうに生まれる世界は、家族や他者からのおしつけによってつくられた世界ではありません。あなたの、あなたによる、あなたのための自由な世界です。他者によってなにも決められていない、自由な世界です。あなたの世界は、あなたという「空」、あなたという観察者が、どのような世界を夢見るのかにかかっているのです！

まわりからの「愛され感覚」

多くの人が「私は私のすべてが大好き!」と、明言できないでいます。これはなぜでしょう?

幼いころからあなたは「あなたは、ただ存在しているだけで呼吸をしているだけで充分なのよ! あなたはそのままで、あるがままでOKなのよ! あなたがどんなふうでも、すべてから愛されているのよ! あなたがあなたであるということだけで最高なの!」というような愛され方はしてきていないからです。なにか理想的なすばらしい状態、褒められるべき状況、好ましく思われるような振る舞い、そういった何らかの条件下においてのみ、祝福され愛されるのだと学んできました。そんなプログラムを自ら肉体に植えつけてしまいました。まわりのみんなの条件に合わない自分の要素は愛されない。だから、なきものとして隠してしまいました。そこが深い濁った闇になったのです。宇宙も自然も、あなたがあなたでいるだけで、無条件に愛し、祝福し、受け入れてくれているというのに!

いくらまわりがあなたを愛してくれていても、あなたがあなた自身のその闇を愛して祝福しないかぎり、そこは淀んで濁ったまま常に苦しみ、自分の価値や尊厳を下げてしまうのです。自信がなくなり、生きていてはいけない気分になったり、幸せになってはいけないような気持ちになったり、自分自身にあらゆる豊かさを与えられなくなっていくのです。

こんなとき人生から見守られ、慈しまれる感覚、どんなものからでも愛されているという実感、こういった「愛され感」を少しでも感じられるようになれば、あなたはあなたの人生において「まわりのすべてから自分は受け入れられている！」と文句なく信じることができるようになります。これは理屈ではありません。あなたの頭があなたに向かって「自分は受け入れてもらい、愛されている」といくら力説しても、あなたの深い部分で愛が感じられないままでは、意味がないのです。ですから身体全部で愛を感じ取っていくこと、愛され感覚を実感していくことが不可欠なのです。こういった「愛され感覚」を感じられること自体が、その人にとっての大きな才能でもあります。

私たちはいつからか、周りの対象物や創造物にばかり目を向ける癖がつき、エネルギーが外に向かって浪費される傾向にあります。人生のすべてはバランスが保たれる必要があります。こちらから対象に向ける一方的なエネルギーだけではなく、対象物からのエネルギーに対してもこちら側が気づき、受け取り、感じていくことが必要なのです。

あなたの周りの対象物はすべてが光の粒子から創造されたものばかりで、すべてが「あなた」の創造物であり子供です。その光の創造物たちから、あなたが常に見守られ、愛されているということを思い出すことで、あなたの肉体の生命力がアップし、生きる情熱が湧いてきます。

次のように感じることを練習してほしいのですが、あなたが部屋に座っているなら、その椅子や、テーブルや、壁や、観葉植物や、天井や床など、あなたのまわりの物が全てあなたの方を見ていると感じてください。それらは、やさしい目線であなたを見守っていると感じてください。時計も、電話機も、エアコンも、テレビも、ありとあらゆる物が、あなたに好意的なまなざしをなげかけているのです。このように想像するだけでもいいので、その目線を全身で受け取って、充分に感じてみてください。

このイメージ法は、これまでにも多くの方にお教えしたのですが、実際にやってみた方たちから「とてもうれしい感じ」「暖かい感じ」「勇気が湧く」といった感想をいただきました。この「愛され感覚」を日常の中でなるべく頻繁に感じるようにしてみてください。実践していくと、あなたは自分でも気がつかないうちに、自信に溢れ、優雅な雰囲気をかもし出すようになっていくことでしょう。

この「愛され感覚」を肉体レベルで培うことは本当に大切なことなのです。受け取ることの大切さを忘れてはいけないのです。あなたがなにかの願いを発したとき、それは一つ残らず宇宙の中で創造されます。ですから願いが叶っていないのではなく、あなたが受け取っていないだけなのです。受け取る態勢の肉体になっていないからです。

「愛され感覚」が鈍くなっているため、創造されたものを跳ね返してしまうのです。
あなたの肉体の中に「NO!」という拒否エネルギーが少しでもあれば、ギフトが来ても跳ね返してしまうのです。その「NO！」は、あの人はダメ、私はダメ、○○は良くない、～は正しくない、この状況はまずい、というような拒絶エネルギーのことです。しかし宇宙のすべては存在する価値があるのです。「NO！」ではなく、すべてを受け入れる「YES！」にしてください。
YESにした後、あなたがそれを好みでないのなら、選択しなければいいのです。

統合の瞑想

いろいろな瞑想を学んできましたが、カンタンでしかも効果が実感しやすい瞑想をご紹介したいと思います。私の中でお気に入りの二つです。

統合、融合、受容、喜び、愛、祝福などといったことを、頭でいくら理解しようとしても無理です。そこは頭の担当ではなく、ハートの役割だからです。ハートは、機械的な頭と違って、リラックスし、楽しみ、喜び、人生を祝う感覚を知っている部分です。それをあなたの身体で実感していってほしいと思います。実感することで、人生の感じ方が変わり、頭の固定観念も変わってきます。

この瞑想は、古代チベットの仏教僧アティーシャの話に由来します。その根底にある真実は、人はハート（あるいは心臓）に深く入り込むほどに、真の自己である「空」につながるということです。このエクササイズが教えていることは、**苦しい思いや感情をハートの空間に吸収させなさい**ということです。息を吸い込むと同時に、ネガティブでイヤな感覚がハートの空間に吸収されます。するとハートの喜びと祝福という性質によって、勝手にエネルギーの質が変わってしまうのです。本当に不思議です。その後、吐く息と共に、その愛や喜びや安らぎや祝福のエネルギーが、あなたの全身に送り返されるのです。

●心地良く座り、目を閉じます。ハートに両手を重ねて置いてください。静かに自分の内側に意識を向けていきます。そしてあなたにとって不愉快な辛さや、苦しさや、痛みを与えている「感情」「気分」を、息を吸い込みながらハートへ受け入れていきます。浮上する感情を出るにまかせ、吸う息と共にハートの空間に吸い込んであげるようにします。なにも批判せず、なにも抑え込まず、そのすなおな感情をただ認めて見守り、ハートに抱きしめていきます。これを5~10分ほど行ないます。

●5~10分ほどしたら、今度は息を吐きながら、ハートの中から安らぎ、愛、喜び、感謝、祝福などがミックスされたものを吐き出すと意図して、吐く息と共にしばらくその感覚を味わいながら過ごしてください。時間は好きなだけ行ってください。

もう一つ、統合の瞑想を紹介します。統合とは、プラスとマイナス、陰と陽、火と水、右と左、受け取ることと手放すこと、などの二極を両方とも受け入れることです。人間は意外にも受け取ることの方が苦手です。自分など受け取るに値しないと信じているからです。あるいは、人生や宇宙の豊かな循環を信じきれないでいるからです。人生も宇宙も本当にあなたを愛していますし、あなたから愛されたがっています。あなたが人生からの愛を受け取れていないだけです。人生から抱きしめられて、充分に愛を感じてとっていただくために、もう一つの感情統合の瞑想をお伝えしたいのです。英語の「ハグ」とは、抱いて抱かれる、この両方が同時に起こって成り立ちますが、本当は、抱きしめるより、ちゃんと抱きしめられることの方がむずかしいのです。プレゼントするよりも、プレゼントされる方がむずかしいのです。愛するよりも、愛を受け取ることの方がむずかしいのです。

そんな人のための瞑想です。すべてをゆだねて、抱きしめられる実感を受け入れるようにしてください。受け取るためのエクササイズです。

●まず目を閉じ、両腕を大きく広げて、あなたが好ましいと思えるような大木を抱きかかえ、同時に、大木からも抱きかかえられているように感じながら立ってください。しばらくこの大木から抱きかかえてもらうエネルギーを全身で味わいながら、その愛と生命力をしっかりと自分のほうにもらって受け取ってください。

●やがて、この大木が消えるイメージをしてください。なにかがとても怖いとか、不安とか、淋しいとか、悲しいとか、誰かが嫌いとか、自己嫌悪とか、どんなマイナスな感情でも、ネガティブな思考でも構いませんので、それらを消えた大木の空間に入れて、両腕で抱きかかえた姿勢のままで、それらの感情から抱きしめられてください。その感じを味わうのです。もしそれが不可能だと感じたら「そんなものから抱きしめられたくない」という思いの部分こそ、あなたの両腕の中に入れて抱きしめ、そしてその部分から抱かれきってください。愛を受け入れてください。

●あなた自身の短所、他者の嫌いな部分、他者の苦手な要素、嫌なできごと、奪ったもの、奪われたもの、苦手な感情など、あなたの人生の「いろいろな要素」をこの両腕の中に入れて抱きしめてください。同時にしっかりと抱かれてください。ただし、人物そのものを抱きかかえることはしないでください。あくまでも、嫌いな人の「要素」にしてください。

●あなたの過去と未来、あなたの人生全般、現実状況なども抱きかかえ、それらからしっかりと抱かれきって、充分に心ゆくまでじっくりと感じとってください。その抱きしめられる感覚を全身で受け取ってください。

あなたの発展的可能性を制限するような「限界の壁」「障害物」を、もしあなたが感じているなら実はその壁をつくったのは他ならぬあなた自身です。ですからこの限界の壁や障害物も両腕の中に入れてみましょう。そして、その壁から充分に抱きしめられてください。心地良くしっかりと抱かれきってください。

kimiko

直線思考とゼロポイント

時間は直線ではありません。直線のように感じるかもしれませんが、それはあなたの頭によるイリュージョンです。科学的な事実として、時間は**「常に完璧な一瞬」の連続**なのです。なんら関連のない一瞬一瞬を、頭の論理で直線に結びつけることは各自の自由ですが、毎瞬は個別で独立した一瞬です。この毎瞬のことを「ゼロポイント」とも呼びます。毎瞬が、文字どおり「ゼロ」という点であり、新たな瞬間です。

「空」の決意点と呼んでもいいでしょう。毎瞬が、あなたという「空」がなにかを決意する瞬間なのです。しかしとくに信念が変わらず、変えようと決意しないときは、似たような状況が続くだけです。それが好きならまだしも、そうでないのに変えようとしないのは、無理だと諦めているからではないでしょうか？

何度もいいますが、今この瞬間は一瞬。さっきも一瞬。次も一瞬。その一瞬のゼロポイントにおいて、あなたがなんらかの願いを決意すれば、その時から願望実現のための「時間のプロセス」が開始されます。ゼロポイントという時間は、つねに創造のチャンスとして、休むことなく毎瞬あなたの人生に訪れ続けます。

ここで気づいてほしいことがあります。あなたが「気にいらない今の状況」を変え、もっとグレードアップしたいと思ったとき、あなたは「気にいらない今の状況」を土台とした地点から、そこからグレードアップを始めるのだと無意識に思っていないでしょうか？　「気に入らない状況」を「スタート台」にすると思っていませんか？　それは違います。「気に入らない状況」を土台にしたところからは、やはり「気に入らない状況」しか生まれません。

もっと楽に、もっと優雅に、グレードアップされた「ほしいゴール」を生み出すことができるのです。「気に入らない状況」についてあれこれ考えることを、たった今、もう手放してください。「気に入らない状況」を土台にして、そこから始めていくという考え方を手放すのです。そこをスタートにしないことです。そこをベースにしないことです。そうではなく「ほしいゴール」をダイレクトに持ってくるのです。

今という大事な「スタート地点」には「ほしいゴール状況」だけをおいてください。つまり、その「ゴール状況」をおいた地点から、そのためのプロセスがスタートするのです。時空間が開かれ、プロセスが開始されるのです。

他にも、一般的によくある思考ですが「『この現状』のままいくと『こんな怖い結果』になる」といったような論理です。「このまま仕事がない状態が続けば、そのうち破産だ」などという考え方です。このような直線的でドミノ的な考え方は、非常に狭い考え方で、そうだと信じているから現実化するのです。

「この現状」と「怖い結果」には、本来なにも関連がないのです。まったく別々の二つの事柄です。あなたの目の前の「この現状」というもの、これはすでに結果として起こってしまった過去です。あなたが、以前そう信じたことのゴールです。しかし「怖い結果」は、今この瞬間には、まだゴールとして起こっていません。それなのに、あなたは「怖い結果」というゴールを設定し、つくりだそうとしているのです。いいかげんに直線思考をやめましょう！

まったく関連がない二つの事柄を結びつけていくような、直線的な捉え方は、あなたの頭によるイリュージョンに過ぎないのです。

この一瞬、あなたの意識の焦点は一体どこに向いていますか？　あなたの意識が向いた「ゴール」がどんどん時空間（スペース）を開いて、そこを活性化して現実化するのです。変えるなら今なのです!!

科学的な事実として、願望と願望達成は同時に発生しています。**今！　という「決意の一瞬」がグ～ッと伸びていくと「プロセス」という時空間が開かれます。**わざわざ結果を心配しなくていいのです。絶対ゴールがあるのだから、ただ途中経過を楽しめばいいのです。プロセスは宇宙におまかせです。あなたの個人的な小さい頭が及びもつかないたくさんの情報を宇宙は持っていますから。

あるミュージシャンの方がこんなことをいっていました。

「僕は信頼する人からこんなアドバイスをもらったことがあるんです。宇宙に降参しちゃいなさいって。決意したとおりに最後はなるのだから、愛犬が主人の前でするように、宇宙にお腹を見せて降参しちゃいなさいと」

お金の循環を促す「十字架護符」

あなたはもともと「空」であり、豊かさそのものなのです。しかし「豊かではない。不足している」という強力な洗脳のために「ほしい！　ほしい！　もっともっとほしい！」が最大の願望になってしまいました。あなたの肉体の中に先祖代々から受け継がれて入ってきた古いプログラムです。

私たちは無意識に「お金がなければ大変なことになる」と洗脳されています。逆にいえば「お金があれば自由を手にできる。お金があれば大丈夫」と思っています。このことを疑うことさえありません。いのちとイコールになるまでに、あるいはいのち以上に価値を高められた洗脳です。地球レベルの信念ですから、かなり手ごわいといえるでしょう。

しかし本当に自由になるためには**「お金がなければ人生がダメになる」という洗脳を解く必要がある**のです。よく考えてみると、私たちが望んでいるのは「お金」そのものではないことが99％です。切手コレクションのように「お札の収集家」の人以外は、お金自体ではなく、**お金に付随したエネルギー**がほしいだけなのです。安心感、自由感覚、権力意識、富裕意識、満足感覚、虚栄心などがほしいだけなのです。あなたがほしいのは絶対にお金そのものではないはず。どうか気づいてください。

「来月の家賃が……」「子供の教育費が……」「ローンが……」「〜を体験したい」「〜に行きたい」など、ついついお金に結びつけて考えがちですが、お金を経由せずに直接願えばいいのです。ダイレクトにオーダーすればいいのです。「来月のこの家。水道水。電気。車。服。体験したい内容。行きたい場所」などのようにストレートに選択して意図すればいいのです。なぜならそれが現実に引き寄せたい的（まと）だからです。もし「来月の生活費25万円」というようにお金に限定して願ったとして、もしかしたら家が火事になるかもしれないのです。そうなると25万円が入っても意味がないのです。

本当にほしいものは多くの場合、お金ではないはずです。お金は交換の道具という役割に過ぎずあくまでも媒体で脇役です。ちゃんとほしい「主人公」を明確に意図してください。交換のツールとしては、お金はとても便利ですが、本当はなるべくダイレクトに願望の的（まと）をはっきり認識しておくほうが引き寄せはスムーズです。

ただお金もやはり大事ですので、お金の循環をスムーズにする方法を提案させていただきます。実際は、あなたの肉体の中を貫通して、圧倒的なほどのお金のエネルギーが常に循環しようとしています。しかし、わずかしか入ることができずに、近くで止まっている方々がとても多いのです。このお金のエネルギーが、あなたへの道を妨げられ、通路を見つけられないでいるのです。

なぜこのような妨害が起きているのでしょうか？　あなたの金銭面について、循環する流れにロックがかけられてストップしているのです。各自の肉体に向かってお金の流れがやってくる入り口に、ある3つのシンボル（画像）がおかれています。私だけ見えているなら、このことについては書くことをやめようと思いましたが、中立な透視能力者仲間3人にも霊視してもらったところ私が見たものと同じようなシンボルが3つあるということです。このお金の循環のための3つのシンボルは、豊かさと恵みの波動の「発信機であり受信機」となっています。これらのシンボルが大きくなってエネルギッシュになっているとき、お金を循環させるための非常に大きなフィールド（電磁場）をあなたのまわりにつくり出せるのです。

逆にこのシンボルのどれか一つでもロックされて小さくなっているとき、お金の循環のフィールドが大きく開きません。少しでも皆様のお金の循環がよくなればと考え「ロックがかかってお金がまわらない人のために、なにか打開策を教えて！」とオーダーを出してみました。

一瞬にして答えがやってきました。「別のマーク」を「護符」にして使うのです。今回本書の付録として「十字架護符」をみなさまにプレゼントさせていただきます。この「十字架護符」を活動させることにより、お金のシンボルのロックが解除され、お金の循環の通路がスムーズに開いていきます。ロック解除のための強力な十字架護符は、ただ飾っておくだけとか、持っているだけでは効力を発揮しません。あなたが実際にパワーをＯＮにさせていくものです。

「十字架護符」の使い方

- ●護符をハートの近くで数分ほど軽く握ります。心を込めて、いったん護符とのエネルギー的なつながりを確立させます。
- ●毎日、アファメーションを唱えていきます。
- ●一カ所の十字架につき、一つのアファメーションがあります。アファメーションのたびにそれぞれの十字架を指で触ります。

アファメーション（口にするか、心で唱えてください）

1 「金額に関係なく、来てくれたお金のすべてを喜びます」（受け取ることへの祝福）……一番上の十字架の絵

2 「私のところで滞在しているお金を心から喜びます」（滞在への祝福）……中央の十字架

3 「出ていくお金のすべてを、他者のために心から喜びます」（放出への祝福）……一番下の絵

可能であれば、1、2、3と十字架に触れるときに、喜びのエネルギーが各十字架に注入されるように実感すれば、さらに効果的です。

ここで本当に大事な情報をお伝えしなくてはなりませんが、これら3つの祝福は「表の祝福」

でしかないため実は片手落ちです。「表の祝福」までは、比較的多くの人が行なっています。しかし私は「裏の祝福（闇の祝福）」も公開しなくてはならないと思っています。これで表と裏が統合されるのです。

A あなたはお金を受け取るときに「たったのこれだけ？」とか「出ていったわりに、元が取れていない」とか逆に「こんなにもらっていいのか？」「申しわけない」などと思ったりしていませんか？ このような否定的な思いや感情に対して、喜ぶということの楽しさを教えてあげたいのです。入金がない時や、不足に感じる思いが出たとき、もらって申しわけない感覚が湧いたときに「その思いに出会えたことを心から喜びます！」と唱えてください。

B あなたはお金が手元にある間「もう○○円しか残っていない！」「いつ出ていってしまうのだろう？」「いつまで持っていられるのだろう？」などと心配ばかりしていませんか？ そんなエネルギーをお金に対して投げつけていませんか？ このような不安な感情が出たときに「その思いに出会えたことを喜びます！」と心から唱えてください。

C あなたはお金が出ていくときに「また出ていくのか！」とか「返すのは嫌だなあ」と思ったりしていませんか？ このような感情が浮上したとき「その思いに出会えたことを喜びます！」と心から唱えてください。

私たちの肉体は、先祖からも、過去世からも、そして現在の人類の集合意識からも、実に多くの「恐怖や不安」を今もなお波動として受け取りながら、それに「反応」し続けています。この恐怖や不安は、とても強い波動です。これに対して、あなたは純粋に自分自身が喜んだり、楽しんだり、ワクワクしたりすることをどんどん「行動」に移してください。そうすることで、恐怖や不安自体に至福を教えてあげてください。恐怖や不安のエネルギーたちを楽しくさせてあげることで、あなたは彼らを救うことができるのです。

日常においてすべてを喜ぶことに慣れてきたら、もう護符は必要ありません。

究極の闇を愛する!

否定された闇を愛し、無条件に自分を愛する。こんな言葉を耳にされたことはありませんか?否定された闇、ネガティブな闇とは、あなたの「頭」によって裁かれて、受け入れを拒絶されたもののことです。それは頭によって嫌われてしまった人格部分、あなたの振る舞い、あなたの考え方、あなたの感情反応のことです。

その「闇」を受け入れる前に、闇という得体の知れない「対象物」の正体を、あなたが具体的に、明確にわかっていなければ、気づくことができないし、愛することもできません。対象がなにかわからないままでは、受け入れることが不可能です。

あなたにとってなにが「闇」なのでしょうか？ どんな人格（性格）の部分を拒絶していますか？ 今までのあなたは中途半端な「闇」だけを愛してきたのかもしれません。しかし本当に濁ってしまった「究極の闇」は、もっと暗くて深い根っこのところに隠されてしまっています。それを愛する決意はありますか？ あなたしか愛してあげられないのです。まずは「究極の闇」の正体をあなたご自身が見据えてください。それは一体どんなものかというと……。

「自分こそ、世界中で（宇宙中で）一番最低で最悪な人間でも構わない！」と、いったん認めることなのです！ 「いいや、まだ自分のほうが○○さんよりマシ」などと、ごまかさないことです。あなたがすべてにおいて、自分こそが最低で最悪で、単なる「ごくつぶし」でもいいのだと、受け入れることなのです。自分が最低で最悪であってもいいと認めたうえで「それでも私は私の最低で最悪を愛しています」と自分に祝福と感謝、そして愛を贈ることなのです。これこそが最高の無条件の愛であり、究極の闇を受け入れるということです。実践するとわかっていただけますが、本当に自分の深い闇の部分が、うれしさで涙ぐんで喜んでいく様子が実感できると思います。

あなたしかあなたの「究極の闇（最低・最悪）」をお祝いしてあげられないのです！ 表裏、

左右、内外と同じように、光と闇も本来は一つのものであり、補足関係であって、片方が否定されればもう片方も消えるのです。本来、闇自体は美しいものであり、光を際立たせるサポートをしてくれるのです。そして光もまた闇をサポートしています。ところが、あなたが闇を否定することで闇がよどんで濁ってしまうと、結果的に光の方もくすんでいきます。

「最低で最悪の自分」という表現ですが、なにも知らない、なにも経験していない自分を「悪い」と裁き、全否定したことを意味します。しかし、もともと「空」意識が人間肉体をつくって、その肉体の振る舞いのすべてを知ってみたい！　と決意したのでしたね。ということは、人間存在のスタートの時点で「なにも経験していない、なにもわかっていない、ただ生命があるだけの存在」なのはあたり前であり、それが原点であるし、神聖なるまっさらな土台です。無知で、なにもできないことは悪ではないし、そこが存在してくれなければ発展、拡大、向上というプロセスを経験することができないのです！

にもかかわらず、この神聖なる基本的な土台を「悪い」こととして拒絶し「最低で最悪」という解釈で汚してしまったわけです。今こそ、この原点や土台の人格部分を認め、受け入れ、祝福し、無条件に愛しなおすことが必要なのです。頭やマインドにまかせず、必ずハートから「最低で最悪」を受け入れて認めてください。

あなた自身が「最低で最悪の人格を持っていても構わないのだ」とちゃんと認識することから始めてください。そしてそこを愛し続けることで、汚れた闇は美しくなっていかれるのです。

喜びと祝福への体質チェンジ

スピリチュアルな仕事柄、クリスタルでできたワンド（棒）を使うことも多いのですが、ある日、私は急に新しいワンドがほしくなりました。たまたまその日のうちに見つけることができたのですぐに注文をし、数日後にそのワンドが届きました。その日、私用で外出することになっていた直前に届いたため、ゆっくりとワンドを触っている時間がなかったのですが、ワクワクする気持ちで地下鉄を降りたとき、突然「もっともっと、人生や明日をお祝いせよ！」というメッセージの声が届いたのです！　なぜか私には、その声がワンドからのものだと思えてならず「あ！　あのワンドは人生を祝福するための道具なのだ！」と直感的に理解しました。

自分という「空」意識を中心に、いろいろな人生が回り灯篭のように循環していますが、その循環をただ信頼しているだけで充分だとこれまでは思っていました。しかし「もっと喜べ！　もっと祝福を！」といわれて「そうか！」と納得したのは、ほぼ同じ瞬間でした。納得した瞬間には、すでにもう祝福していました。なんの条件もなく祝福したのですが、同時に「人生」と「明日」がアッという間に軽くなったのです！　エネルギーがピンク色に変容し、本当に祝福の人生に変わったのが見えました。

宇宙システムをはっきりと見せていただき、さらに理解できた一瞬でした！　あなたが明日や人生をどうイメージしようと、どんなに嫌な人生であろうと、そこに「祝福」「前祝い」「前喜び」という気持ちを投入すると、アッという間に軽くなります。まさに感動ものです！

私の友人が「人生には、喜ぶこととお祝いしかないんだよ」と常々話していたのは、このことだったのかと実感しました。今まで自分がなんとなくわかっていた時の気持ちとは雲泥の差です。本当に理解して腑に落ちると、「ズキューン！」という感覚で全身が震えるほど歓喜し、感動であふれます！

届いたワンドは、祝福のエネルギーを放出する道具なので、それを「明日」「人生」「具体的な願望」に向けるイメージで注入すればいいのだと、ワンド自らが伝えてきました。「前祝い」「前喜び」をすることが本当に大切だといったのです。この特定のワンドだけに限らず、各自がそういう道具を見つけて、そこにその意図を込めればいいのです。プログラムすればいいのです。なにもなければ、自分の指でもいいでしょう。その先端から前祝いのエネルギーが飛び出し「人生」「明日」「願望」という領域に注入されていくのを感じればいいだけです。こんなにカンタンなのです。

あなたは今後いかなるときも、いつでも「前祝い（前喜び）」をするという体質になってください。その前祝いという喜びの体質で行なうすべてのことは、結果において嫌な状況になるわけがないのです。もちろん、未来のことだけでなく、過去のことにも喜びのエネルギーを注入していくと、過去の人生のすべてが一瞬にして癒されてしまいます。

プレゼントさせていただいた「十字架護符」の裏面に「前祝いのワンド」も載せてあります。そのワンドから、前祝いのエネルギーがあなたの明日や人生に注入されていくようにイメージしてください。あなたの身体の周波数を、できる限りワンドと同調し一体化させるつもりになって、あなたの今後のすべてに向けて前祝いの喜びを注入してください。「前祝いのワンド」がそのようにお役に立てたらとてもうれしいです。

幸せな日々を迎え、続けていくために特に必要な二つのことです。一つは気持ちのうえで「前祝い（前喜び）」すること。そしてもう一つは、その喜びや楽しさを感じられることを、誰にも遠慮することなく「行動」に移していくことです。

これにまつわる補足のお話です。

真夏のある日、ある方から「あなたの頬のたるみ、なんとかしなさいよ」といわれてしまいました。いえ、その方にいわせてしまいました。どんなセリフも、どんな態度も、私たちは必ず「相手にさせて」います。なぜなら自分自身が創造意識だからです。「そういえば、無意識に、自分が自分の頬にダメ出しをしていた」と気づき「この『たるみ』はどうすればいい？」と自分の頬に直接聞いてみました。するとすぐに答えがきました。

「毎日、随分と修復作業をしているよ。だから、こちらの仕事がやりやすいように協力してほしい。『ダメ出し』することをやめてほしい！」と。

がんや病気やケガも同じことで、肉体は完璧に修復作業をしようとするのに、自分の意識が「ダメ出し」することで、その邪魔をしてしまうことがよくあります。特にプロのセラピストやヒーラー、お医者様方は、絶対に「相手の状態」を悲惨なこととして見ないことです。ダメ出しをしないことです。

あまりいい状態ではないと思えるときこそ、前祝いと前喜びです。完治し、美しくなった未来の状態を、前もって喜んでしまうことです。肉眼では見えない「現実の状況」というものに対しても、ダメ出しをせずに、**宇宙の修復作業を前祝い、前喜びしてください！**

現実も夢

私たちの頭やマインドは、なんでも分類します。どんなものにもレッテルや名前をつけたがります。分類することは悪くありませんが、あくまでも断片になっていること、そして本来そこには境目や境界線がないことを覚えておいてください。頭やマインドによる、内側と外側の分類にも注意すべきです。

内側、外側とはなんでしょうか？

友人があなたの「外側」にいるとします。それをあなたは見ているとします。そしてあなたは目を閉じて、自分の「内側」に入り、自己の感情や思考を見る。透視ができる人なら、目を閉じたまま、内側になんらかのビジョンを見ることでしょう。

しかしあなたの肉体の「内側」に見る思考やビジョンも、外側の友人を見るのとなんら変わりがないのです。どんなものであろうと、あなたが見るもの、感じるもの、キャッチできるものは、本当は全部あなたの「外側」なのです。

あなたが瞑想していて、自分の肉体の内側で、青い光や紫の光線を見たとします。肉体の内側で見えるものは、肉体の外側に見えるものよりも、確かに「あなた」に近い距離にある。それでも「あなた」は自分の「外側」を見ているに過ぎません。いえ、あなたは外側を見ることしかないのです。あなたが「中心」だからです。つまり、あなたはあなた自身を直接見ることができません。自分を見ることが一切なかったために、そこに自分がいるという事実、自分がすべての「中心」だという事実に、今まで気づくことができなかったのです。

見えるものすべてが外側の対象物であり、それはあなたではありません。あなたという「空」はあなたの外側しか見ることができず、しかもその外側はマインドによって細かく分類され、区別されます。

では、あなたは外側をただ見ていることしかできないのでしょうか？　いいえ！　何度もいいますが、あなたは「決意」「オーダー」によって、外側に見えるものを変えることができる意識であることを忘れないでください！

夏のある日、のんびりとモーニングコーヒーを楽しんでいたときのことです。読みたかった本を読みながらお茶を飲んでいたら、猛烈な眠気が急にやってきました。いてもたってもいられず、本を閉じて目も閉じました。その瞬間、意図したわけではないのに自然と「透視」のスタンスに入り、なんと私の頭部にグリグリと穴をあける小さいオジサンが見えたのです。前頭葉付近に穴をあける感じに見えました。穴をあけた後、そこからなにかを突っ込んで、私の両目の奥あたりから、薄い透明な皮膜かベールのようなものをはぎ取ってしまいました。そのとき初めて「そんなベールがあったんだ」ということに気づきました。

そのベールが取れたとたん、眠気が吹っ飛び、そのあと目を開いたら、急に視力がアップしたような感覚で、まわりの世界がクリアに見えるではないですか！　そしてメッセージが来ました。

「お前が気づいたとおり、ここは夢なのだ。この硬くて確固としたように感じる現実世界も本当に夢なのだ。お前が『この現実を夢として認識する』と決意したから、現実への境界幕が消えて目からウロコが落ちたのだ」といわれました。

じつは先日ある洋画を観に行ったとき、主人公たちが夢の中でさらに夢を見るという内容で、それがなぜか大事なことを思い出させてくれた気がしていたのです。さらに、その後に読んだ本の中に『現実世界も夢の延長』「あなたが目覚めている間、世界を夢と思うようにしなさい」と、書かれた一文があったのです。なんだかしっくりとした感じがあった私は「この現実を夢として認識してみます」と決意したのでした。そのあとに、目のベール除去と、メッセージが来たので本当に驚きました。

メッセージは続きました。「目にベールがあるときは、各自の内側の願望（つまり夢）が外側の物理レベルにスムーズに放映できない。だからこの現実という物理レベルが本当に夢の世界の延長だとみなす気持ちになったときに、目のベールが取れて境目が消え、内なる夢（＝願望や願い）が外へ現れやすくなるのだ」というのです。とても同感できるメッセージです。

大体は理解しているつもりでしたが「これからは、すべての現実を夢とみなし、深刻にならずに楽しんでいきます！」と決意、宣言したからこそ、それを証明するようなできごとやメッセージを引き寄せ、さらに確信を得ることができたのです。小さいオジサンのビジョンを見させていただき、その意味をメッセージとして聞かせてもらえたことに感謝です。

夜と昼、夢と現実、3次元と8次元、本当はそれらには境目がありません。眠っているときに見る夢も、起きているときに見える3D映像も、そこには本当は境目がないのです。ただ頭が境目を作って分離感を感じているだけなのです。境目……境の目……つまり境（分離）の目線があるということです。この目線は、あなたの頭やマインドによってつくられていることを忘れてはなりません。まわりのすべてが、あなたの「思い込み」によってつくられている夢の世界なのです。

あなたは今のあなたのまわりを見て、なぜそれを「現実だ」と信じて疑わないのでしょうか？それはあなたが**どんなときでも、すべてを現実だと見なしている**から。たったそれだけの単純な理由です。あなたという観察意識が「見たい！」と欲求しながらつくってきた自分独自の夢の世界を、リアルに現実として実感したかっただけです。

今までの無数の眠りの中で、あなたが数えきれないほどの夢を見てきても、常に夢の中では「現実だ！」と思っています。毎晩夜になると夢を見て、朝になると虚実だったと認識します。夢は真実ではないと理解していても、それでも今夜もまた、夢が真実だとあなたは思うのです。同じように、この3D現実を数えきれないほど繰り返してきても、毎回肉体を持つたび「これぞ真実！」と思い込んでしまうのです。

あなたが肉体を脱いで離れた後（つまり死を迎えた後）、このことがわかります。「現実もまた夢だった」と……。あなたという「空」意識が見たいように見ていた「夢」だったとわかるのです。

あなたという観察意識が、見ている夢の世界です。頭やマインドによって固めた夢の世界です。

この現実が夢であるならば、今までにない壮大な夢、楽しい夢、心躍るような見たい夢を選んではいかがでしょう？　あなたが工夫をこらしてつくりあげた3D劇場なのですから！

自信がない

「自信がないです……」このセリフを私はよく耳にします。私たちが「自信がない」と思ったり、感じたり、いったりするのは「劣等感」の現れで、その裏側には「私は○○さんよりスゴイ」と思いこんでいる「優越感」が必ずあります。この二つは表裏一体です。なぜ劣等感があるのでしょうか？　なぜ自信がないのでしょうか？　それはあなたが**「無条件に自己を愛していない」**からです。

私たちは肉体のDNAレベルで、先祖からさまざまな情報、データ、プログラムを受け継いでいますが、歴代の先祖の中で誰一人として、この「無条件の愛」を体感した人がいないのです。その情報とデータが欠けており、経験していないために、魂が傷ついたままなのです。もし一人でもいたのであれば、それは受け継がれ、教えられてきたはずです。親も先祖もまた、世の中に対して役立たない自分や、個人的な成果をなにも出せない自分は存在価値がないのだ、と洗脳されてきたのです。これは、最大の「インナーチャイルド（傷ついた子供の部分）」です。

まわりから与えられた条件を満たせない自分自身など愛せるわけがないし、認められない。そうなれば、呼吸して生きていることさえどことなく申しわけなく思えてくる。

そのまま生きている自分の状況だけでは、生きる自信がなくなっていくのです。従って、表面的に教えられた通り、さらにたくさんの条件を満たすべく生きていくのです。人生を楽しむどころか、「条件を満たす」ための苦しい人生になっていきます。ただ生きているだけでいい、宇宙はそういうところなのに……。

「～したから、あなたはすばらしい！」
「～な性格だと、あなたは愛される」
「～な状態だと、あなたは最高の存在だ」

このようなデータを、あなたも先祖も入力され、そのように生きるべく苦しい努力をし、その条件を満たさなければ「ご先祖さまに顔向けできない」「親に申しわけない」「家族にすまなく思う」「世間体が悪い」と、自己否定と罪悪感でいっぱいになっていったのです。このような先祖の自己否定や罪悪感の苦しみは、信念とセットになって、子孫の肉体にＤＮＡで手渡されていくのです。

あなたが「外側の条件」をいくら満たしても、ＤＮＡの根底に「無条件の愛のデータ」が書き込まれていないので、楽しくもなければ、喜ぶこともできません。愛のない古い信念によって、喜びや楽しいフィーリング反応が抑え込まれています。このように私たちの心の奥底には「なにも成し遂げていない自分が楽しんだり、喜んではいけない」という洗脳データが強烈に入力されています。すると、なんらかの成果や結果を形のうえで自分が出せていないうちは、楽しんだり、喜んではいけないという思いにかられます。

しかしこれは逆です！　楽しんで、喜んで、前祝いの気持ちで、ただ遊びをエンジョイしていると、勝手に楽しい形が外側にできていくのです。これが本当の「成果」です！　これが具現化です！　これが願望成就です！

あなたがなんの条件もなく、ただ楽しいことを自分にさせてあげた分だけ、楽しい成果と結果ができていくのです！　ワクワクしろ、といわれても、あなたは今までできませんでした。それはＤＮＡの根底に本当の愛が体験として書き込まれていなかったせいです。そして、そのことを知らなかったからです。だとしたら、このＤＮＡの信念を書き換えればいいのです！

「え？！　そんなことできるの？」という声が聞こえそうです。

はい！　できます！　カンタンです！　あなたが喜び続けるだけです！

あなたの人生の目的はそれだけです。あなたがたくさん喜んだ結果として、先祖からのＤＮＡや人類の集合意識を変えることができ、先祖の執念も解放され、人類全体の意識に喜びをもたらすことにつながっていきます。買い物、旅行、恋愛、研究、なんでもいいので、あなたが喜びを感じることを次々にトライするだけなのです！　その「うわぁ！」という喜びを実感することが、自己否定や罪悪感でいっぱいのＤＮＡを書き換えていきます。その後に、眠っていたあなたの「個性ＤＮＡ」が揺り起こされ、活性化していくのです。

あなたが自分に許可を出し、自分が「呼吸するだけの存在」で最高なのだといってあげてください。なにを欲求してもいいし、欲求した者が勝ちで、そこを楽しんだ者が勝ちなのだといってあげてください。あなたが自分に条件をつけてがんばっていると、本当は楽しくないので、他者にも条件をつけていくようになります。他者が条件づけから解放されて自由になり、成功していくことがくやしいからです。それが淋しいからです。

恋人や家族にも、無意識にこんなドラマが展開されてはいませんか？　他者が自由になり、幸せになると、自分との縁が切れてしまうことへの恐れも隠されています。だからこそ、先ずは無条件に自己を愛することが大事なのです。安定のための道具として、家族やパートナーがほしいだけの人にならないでください。無条件にあなた自身を愛することを始めて、あなたの喜びを追求する楽しい日々にしてください。

宇宙の根源の父母

あなたにとって自分の肉体や人格部分を無条件に愛することがどういうことなのか、頭では充分理解できていたとしても、まだまだエネルギー的に「自信がない」というフィーリングや、理由のない不安感に襲われるときがあるかもしれません。

こんなとき、ぜひ試してほしいことがあります。あなたの背中に、宇宙の父と母のエネルギーを感じる方法です。スピリチュアル用語で、インナーマザーとインナーファーザーといういい方をする場合もあります。

あなたの肉体をつくっているのは光ですが、この光には陰陽の働きがあり、父と母という要素の働きがあるのです。あなたの肉体をつくった本当の父母エネルギーです。究極の根源の父母です。この根源の父母は、人間の人格を持った実際の父母とは違って、一切の傷やトラウマを持たず、完全でパーフェクトな父母として働いてくれるエネルギー体です。

あなたの肉体には、この根源の父母エネルギーが充分に満ちているべきなのですが、赤ちゃんのときに、あなたの心の深い部分で「根源から分離されてしまった！」という錯覚を持ったことから、根源の父母エネルギーとのつながりを忘れてしまい、この父母エネルギーを充分に感じることができなくなってしまいました。こういったことから、インナーチャイルド（傷ついた子供）という人格の部分が生まれるのです。

この完全無欠の父母エネルギーとはどんなものなのでしょうか？

それは、あなたが最も理想として追い求める父母の原型です。あなたは、気持ちのどこかに「こんな父だったら、こんな母だったら」という要求を持っているはずです。しかしその要求どおりの父母を、人間としての父母に投影し、要求しても無理なのです。それに100％応えてくれるのは、根源の父母しかいないからです。

まず、宇宙根源の父とは、どんなエネルギーなのでしょうか？

あなたを経済的に応援し、人脈で応援し、いろんな智慧を与え、なにかを実行する勇気や、生きることへのパワーを与え、あなたがとった行動の責任をちゃんと請け負ってくれるエネルギー体のことです。「好きなようにやれ！　足りないものや、後のことは全部まかせろ！　常に守ってやる！」こんなことをいってくれる、全人類にとっての理想的な父のことです。

では、宇宙根源の母とは、どんなエネルギーなのでしょうか？

あなたがたとえ五体満足でなくても、あなたが能なしでグータラでも、どんな性格でも、どういう生き様でも「そんなあなたが大好きよ」といってくれる母のことです。いつも変わらぬ優しさと寛大さで、あなたを丸ごと受け入れて愛してくれているエネルギー体のことです。全人類にとっての理想的な母のことです。

その根源の父母が、あなたの背中に常にピタッとくっついている様子を感じるようにしてください。感じることで、その存在を思い出してください。日々、あなたの気持ちをこの父母に向けてリアルに実感していかないと、そのパワーを受け取りにくくなっています。彼らのバックアップ・エネルギーにつながっていないために、あなたは不安感や自信がない感覚に陥っていくのです。ですから、常に根源の父母を背中に実感していってください。背中から彼らに抱きしめられている、あるいはピッタリとくっついてくれている、そんなふうに思ってください。

なにをしていても、あなたは宇宙の根源の父母をリアルに感じてください。
これは妄想とか、実在しないものを勝手にイメージしているのではなく、本当にこの父母原理は存在するのです。

肉体細胞はそれをちゃんと知っていますから、あなたがこの父母の感じを思い出すと、肉体全身がとても安心し、落ち着いていくのです。
人間としての実際の父母や祖父母からは充分にもらえなかった無条件の愛の感覚が、あなたの肉体にどんどん補給されていくでしょう。

間に合ったメッセージ

本当に間に合ってよかった！　そんな思いでいっぱいです。１００％自信が持てるような、パワフルなメッセージをいただけて、本の締め切りにギリギリで間に合いました。

8月の満月直前の朝のことです。ぽろぽろと単発のメッセージが続きました。

「ケチくさい計算をやめなさい」

「大きくハートを開き、楽しいことや喜ぶことを自分に提供しなさい（善きことだからとか、正しいことだからという理由からではなく、純粋に自分への愛から個人的な喜びを追求しなさい）」

「人生、現実というものは、感情のエネルギーが集まってできている」

「喪失、失う、別れる、消える、切れる、それらに対する恐怖をなくしなさい」

「次元上昇のため、思ってすぐ叶うようになってきている。もともと、需要と供給は同時発生だ」

「お金を返そうと考えるな（返さなくていい、という意味ではなく、そんなことを考えていて楽しいのか？　もっと今を楽しみなさい）」

「人生があなたを妨害することはない。あなたの方が人生を妨害している」

このような感じでメッセージが続きました。夜になって、スーパーへ買い物に行こうと自転車に乗ったとたん「愛と勇気あるチャレンジをサポートするぞ！」ともいわれました。買い物が済んで、また自転車に乗ったとたん「恐怖のいいなりになって安全対策を練るような生き方には、今後いっさい協力しない！」と強い口調でいわれたのです。心強いのと、身がすくむ思い、身が引き締まる感じが同時に起こりました。遊びたいときはどんどん遊んで、やりたいことを積極的に楽しんでいるときしか、もう神々のサポートがもらえないようです。本心から喜んでいることへのサポートしかもらえないようです。

その後「もともと、恐れの波動領域には貧乏神しかいない。豊かさいっぱいの高次の神々はそこにいない。お金を使うことが楽しくて、使うことを喜ぶ人にはお金がギフトされる。恋愛が楽しくて喜ぶ人には恋愛がギフトされる。食べることがうれしくて喜んでいる人には食べ物がギフトされる。それらは、お金を経由してやってくることのように見える。でも結局はダイレクトにギフトされているのだ。そして生きていることの全部を楽しんで喜んでいる人には、生きていくことの『保証』がギフトされる」と、雪崩のようにメッセージが続きました。

「怖いから、なにかあるといけないから、お金は娯楽ばかりに使ってはダメ」という思いが、お金を恐怖で縛り、死に金にしています。「将来なにかあるといけないから」というのは、あまり喜ばしいことを想像していないことで、それが当然そんなできごとをつくってしまうのです。私は「お金は喜んで楽しんで使うものだ」と悟りました。

お金を使う恐怖感と罪悪感、それらはＤＮＡレベルで先祖から受け継いでいる情報であり、今現在の人類全体の集合意識なのです。しかしこの恐怖感と罪悪感に飲み込まれ、いいなりになるばかりでは、人生はなにも変わりません。奇蹟も起こらなければ、サプライズもありません。そこに対して服従するでもなく、闘うのでもなく、無視するでもなく、あなたはひたすら「喜び」「楽しさ」を発信していけばいいのです。喜んだり楽しんだりする感覚を、逆に恐怖感と罪悪感たちに教えてあげてください。それは必ず伝わります！　彼らだって楽しい方が好きに決まっているのです。

私が、「お金があることをもっともっと喜んで、使うことをもっともっと楽しもう！」と決意して、そのありがたさをジワッとハートで感じて、その喜びを充分に恐怖感に向けて送ってみました。すると、現在持っているお金の全ての「縛り」がゆるみ、お金全体がイキイキといのちを取り戻して喜んでいる様子が「透視」できました。

しばらくは、多くの人がこのお金の学びをするでしょう。各自がどれだけ喜べるのかを「練習する期間」が続くようです。

安全対策のために、好きでもない仕事の資格を取るべく大枚をはたくのか、好きなもの、興味があるもの、情熱が湧くものにお金を使って喜びまくるのか・・・。

「生きたお金の使い方をしろ」の本当の意味は、あなたが「イキイキ」とする使い方をしなさいという意味であったのです。

そうはいっても、やはり強烈な恐怖感というものに負けそうになって、泣きたくなるほど辛いときがあります。

私も、いくら人類の先祖からのＤＮＡだとわかっていても、本当にきつい感覚だとビックリすることがあります。

ある日、あまりにも尋常ではない恐怖感が浮上したので、心の中で質問を出しました。

「このすさまじい恐怖感には、一体どうすればいい？」と。

答えがすぐに降りてきました。

「最後は祈りしかない」・・・・・・

その「祈り」の意味は、強烈な恐怖感そのものに対しての、慈しみ、共感、感謝、ねぎらい、愛おしさ、そんな感覚を全部合計したような祈りとして教えられた気がしました。

そのメッセージ以降、私にとっては、先祖や過去世からのあらゆる恐怖や不安が出てくることが逆に楽しみになっていきました。

心からの祈りをすることで、その恐怖に静寂が訪れて、最後に至福になっていくのがわかったからです。

本物の先祖供養、前世療法です。

あのメッセージによって、供養、祈りの真髄を教えてもらうことができたという感謝でいっぱいです。

全てを祝う弥栄（いやさか）のエネルギー

光とは、生きたエネルギーのことです。光は、いのちそのものです。光がすべての形をつくり、すべてを栄えさせます。光は「いやさか（共に栄える）」のエネルギーです。そしてあなたという「空」は、光の生みの親ですから「いやさか」のエネルギーの親、発信源ということです。

ここで今一度、原点を思い出してください。あなたという「空」から生み出されたすべてが光であり「いやさか」という発展、拡大、喜び、祝福の性質を持っていることを、思い出してください。すなわち、あなたから生まれた欲求も願望も光であり、喜びの性質です。光はいのち、いのちは呼吸、呼吸は生きることへの欲求。生きるとは、欲求そのものを生きるという意味なのです。我欲をなくしたほうがいいのでしょうか？　いいえ。それは、いのちあるものすべてに対して否定していることと同じです。「我欲ばんざい！」なのです。我欲は美しいものだということです。どんな我欲も「いやさか」なのです！

この本質的な「いやさか」の状態を、肉体を通じて日常的に実践すること、つまり、欲求を叶えていくことが、幸せな日々ということです。すべてを祝う、それを幸せと呼ぶのです。幸せとは、自分にないからほしがって求めるものではなく**「すでに自分がそうである」と「前祝い」**することによって、具体的な形となって生まれてくるものなのです

8月のある昼下がりのことです。本当に気にいった秋冬物の洋服の買い物を済ませ、私はうれしく楽しく自宅に向かう途中のことでした。目の前にフッと着物姿の女性が現われました。思いきり派手な着物の花魁（おいらん）姿で、たくさんのかんざしが重そうです。

「きわめよ、きわめよ、その我欲！　わらわもとてもうれしいぞ！」と、彼女はいいました。その女性はイチキシマといいます。日本神話に出てくる水の神で、仏教の弁財天としても知られています。

古神道の宮司さんから聞いた話です。

「七福神などの富裕の神々は物理的な肉体を持っていないから、喜びを自分では感じにくい。そのため喜んでいる人間にくっつくことがある。そして、その人が喜ぶような現実をどんどんつくってくれるのです。そうやって神々は人間から喜びを共有させてもらうのです」

だから私が感じていた喜びをイチキシマヒメも「うれしいぞ！」といったのでしょう。神々はあなたが善人であるとか、清く正しく生きているとか、真面目であるとかには興味がありません。あなたが、生きる喜びを感じているかどうか、いのちに敬意をはらっているかどうかに興味があります。

物理次元における豊かさの代表がお金ですが、お金もまた「いやさか」という祝福のエネルギーで成り立っています。我欲を抑えるから、呼吸も浅く小さくなり、お金も小さくしかまわってきません。あなたが自分のすべてを愛して祝福できた分だけ、比例してお金はどれだけでも循環してくれます。あなたが自分自身を世界で最低で最悪の存在でも構わないと認めることができ、しかもその自分を最高に祝福してあげることができるようになったなら、逆にあなたは、最高で最大を手に入れたことが実感できるでしょう。

すべてを創造した「空」であるあなたは、万物のすべてを認め、受け入れ、愛し、祝福するのが本質です。つまりあなたという「空」は、あなたの肉体的な人格と性格のすべて（最低で最悪な部分も含む）を愛して、ともに栄えていこうとするのが本質ということです。

この現実空間は光の粒子でできており、その光はあなたという「空」のビッグバンから生まれました。そして、そのビッグバン（現実創造）は、あなたが今も何かを決意・意図するたびに、あなたの中で起こっているのです！　あなたという「空」は、これからもビッグバンを起こし続けていくのです。あなたがビッグバンを起こす動機は、無限の創造を観察したいがためです。そこには「すべてが栄えあれ！」という祝福・乾杯の意図があります。宇宙や現実や人生のベクトルは、常に栄えてレベルアップする方向へと向かいます。あなたという「空」は、人間の現実状況が今までよりレベルアップし、栄えることを観察し、実感したいのです。

一般的にいわれるような「このままなにも起こらず、安定して過ごせますように」という生き方や、現状維持の生き方は、本来の幸せではありません。あなたという「空」は、そんなことは望んでいません。どなたも本心では、現状維持など望んでいないのです。今までよりも拡大、発展し「いやさか」の方向に体験を増やしたいはずです。ただし、今なお恐れによって洗脳された古い頭の部分だけは「変化」を嫌っています。ですから、あえて変化を積極的に招き入れる気持ちを持って、変化を「前祝いする！」と決めてほしいのです。変化のためのスペースを自分の中に作ってあげてください。

「いやさか」のエネルギーを果てしなく生み出し、拡大、発展させ続ける存在、それがあなたという「空」なのです！　「空」は天のことでもあり、天の意と書いて「天意」（アイ）（愛）と読みます。天の意向は、生きとし生けるものの発展、拡大、成長を喜ぶ意（気持ち）のことです。

今まさにあなたは変容の時を迎えています。変容、つまり容器を変えるときです。あなたという容器を大きく変えるときです。器を大きく変えるとは、自分への決めつけや制限を外すということです。古神道でいう「大我（真我）」に戻ることです。自分に対する今までの思い込みをすべて変えて、本来のあなたである「いやさか」の「空」に自覚をもどしてください。あなたは、もともとそういう存在なのです。

今までも、そしてこれからも、すべてのものが未来永劫「いやさか」であれ!!

エピローグ

私たちの頭や肉体には、たくさんの制限的なプログラム（固定観念）が入力されています。しかし制限プログラムや限界プログラムがあることによって、より高度で複雑な人生創造ゲームが展開されるわけです。あなたという「空」にとって、それは観察していて大変おもしろい「制限解除ゲーム」なのです。「空」の目線や見方、観察は、すべてが存在してOKという愛と祝福で成り立っています。片寄った定義や、独自の解釈を一切持たない、すべてを平等な愛で観察する意識が「空」なのです。まさに「空」は神です。

どうぞ「空」の中立な観察目線からすべてのプログラムに繊細に気づき、そのすべてに祝福の気持ちをチャージしてください。あなたは「空」という観察意識であり、肉体を借りながら、あらゆる体験を通して自分自身のプログラム内容のすべてを知ろうとしています。

あなたという「空」はすべての中心であり、すべての第一原因です。あらゆる願望の発信源です。本当のことをいえば、これ以外のどんなすばらしい情報も常に変動し変化する情報でしかなく、この「空」という事実以外に絶対不変な情報はなにもありません。

あなたの肉体が死を迎えるとき、肉体からあなたという「空」意識は離れますが、上からその肉体を観察し眺めています。肉体ボディの次は感情ボディ（オーラの2層目）、思考ボディ（オーラの3層目）というように次々と離れていきながら、最終まで観察します。いわゆる走馬灯のように早送りで眺めるライフ・レビューです。すべてのエネルギーボディを脱ぎ捨てて、それでもあなたという観察意識は残っています。

「永遠」とは、最初から最後まで残っているもののこと。そしてあなたは「空」という永遠そのものです。時間の中で変化や消滅するものは永遠ではなく「あなた」ではありません。肉体も、オーラも、感情や思考も、時空も、すべては変化し消えゆくものですから「あなた」ではありません。

永遠の不動の観察意識なる「あなた」これだけが唯一の事実です。すべての人にあてはまるこの唯一の事実を中心にすえ、あなたが肉体と協力して今後もあらゆる経験を祝福し続けてくださることを心から祈念します。

うっすらと執筆を決意してから約5年あまり。ようやく「空」からのメッセージをこのように本として書かせていただくという今世最大の願いを叶えることができた今、私はやっとすばらしい恩師たちの足元までたどり着くことができたような気がします。どんなことも、どんなものも、どんな人も、どんな状況も、すべてがこの本に至るために、なに一つ無駄ではなかったのだと万感の思いが込み上げます。

私を片時も見放さず、私を見守り、私に寄り添い、私に従ってくれた、この愛すべき身体に敬意を表し、この本にご縁があった方、クライアントの皆様、生徒さん、友人、家族、恩師、出版に携わってくださった方々に、愛と感謝のすべてを捧げ、皆様全員の神なる部分「空」を祝福したいと思います。

なによりも、ここ最近1年半以上にわたって、鳥取からほぼ毎日数時間の電話を通じて、私の「空」意識を完全に目覚めさせて自立させるべく、最後のトータル・コーディネートをして下さった盟友（雁津みゆき氏）には、お礼の言葉もありません。

このすばらしい3次元が、すべての生命にとって永遠にいやさかでありますように！

そしてそれを未来永劫見守っていけますように！

天（あま）駆ける
　いのちの躍動　見守りし
　我なる実在　無かりけり

最後までお読みいただきましてありがとうございました。
あなたにとってどんな奇蹟も可能であることをさらに深くお伝えさせていただきます。
いつでもご連絡、ご相談をお待ちしております。

スターハート　052（761）4344

Mana（マナ）

透視チャネラー。

「空（くう）」のメッセンジャー。

名古屋市在住。大学では英文学と心理学を専攻。

生まれつきの抜群のエンパス能力（他人の感覚を全部キャッチしてしまう能力）を人々の幸福と愛のために使うようマスターに導かれ現在に至る。

数々の不思議な体験を通して、全く新しい「空」理論を提唱する。各種ヒーリング、エネルギーワーク他、スピリチュアルな手法を幅広く修得し、そのセッション内容は多岐にわたる。

現在、各種スクール・講座、セミナー、講演会、個人セッションなどで活躍中。

Star Heart（スターハート）

〒464-0067
愛知県名古屋市千種区池下 1-10-8
リベルテ池下501
TEL：052-761-4344
携帯電話：090-9194-8992
http://www.starheart.jp
mana@manastar.com

空（くう） 舞い降りた神秘の暗号

2010年11月11日 第1刷発行
2011年 3月20日 第3刷発行

著 者 Mana

発行所 ㈱三楽舎プロダクション
〒171-0022 東京都豊島区南池袋 2-8-5-202
電話：03-5957-7783
FAX：03-5957-7784

発売所 星雲社
〒112-0012 東京都文京区大塚 3-21-10
電話：03-3947-1021
FAX：03-3947-1617

印刷所 シナノ印刷
カヴァーデザイン TOMOYO
本文イラスト 森規巳子
DTP製作 アライブ

万一落丁、乱丁などの不良品がございました際にはお取替えいたします。

ISBN978-4-434-15125-5

三楽舎プロダクションの目指すもの

三楽舎という名称は孟子の尽心篇にある「君子に三楽あり」という言葉に由来しています。

孟子の三楽の一つ目は父母がそろって健在で兄弟に事故がないこと、二つ目は自らを省みて天地に恥じることがないこと、そして三つ目は天下の英才を集めて若い人を教育することと謳われています。

この考えが三楽舎プロダクションの根本の設立理念となっています。

生涯学習が叫ばれ、社会は少子化、高齢化さらに既存の知識が陳腐化していき、われわれはますます生きていくために、また自らの生涯を愉しむためにさまざまな知識を必要としています。

この知識こそ、真っ暗な中でひとり歩まなければならない人々の前を照らし、導き、激励をともなった勇気を与えるものであり、殺風景にならないように日々の時間を彩るお相手であると思います。

そして、それらはいずれも人間の経験という原資から繭のごとく紡ぎ出されるものであり、そうした人から人への経験の伝授こそ社会を発展させてきた、そしてこれからも社会を導いていくものなのです。

三楽舎プロダクションはこうしたなかにあり、人から人への知識・経験の媒介に関わり、社会の発展と人々の人生時間の充実に寄与するべく活動してまいりたいと思います。

どうぞよろしくご支援賜りますようお願い申しあげます。

三楽舎プロダクション一同